Auf dem Weg zum Licht 2021

Gedanken und Impulse
für die Advents- und Weihnachtszeit

Auf dem Weg zum Licht 2021

Gedanken & Impulse für die
Advents- & Weihnachtszeit

benno

Bibliografische Information der Deutschen Nationalbibliothek
Die Deutsche Nationalbibliothek verzeichnet diese Publikation
in der Deutschen Nationalbibliografie; detaillierte
bibliografische Daten sind im Internet über
http://dnb.d-nb.de abrufbar.

Besuchen Sie uns im Internet:
www.st-benno.de

Gern informieren wir Sie unverbindlich und aktuell auch in
unserem Newsletter zum Verlagsprogramm, zu Neuerscheinungen
und Aktionen.
Einfach anmelden unter www.st-benno.de.

ISBN 978-3-7462-5949-9

St. Benno Verlag GmbH, Leipzig
Zusammengestellt von Bettine Reichelt und
Annegret Kokschal, Leipzig
Umschlaggestaltung: Ulrike Vetter, Leipzig
Covermotiv: © stock.adobe.com/st1909
Gesamtherstellung: Kontext, Dresden (A)

Inhalt

3. Adventswoche:
Handelt!

4. Adventswoche:
Tröst mir mein Gemüte ...

Weihnachten:
Heut schließt er wieder auf die Tür ...

Taufe des Herrn:
Geborgen in Gott

Weihnachten ist ein Tag,
um das Herz zu öffnen:
Wir müssen das Herz öffnen
für so viel Kleinheit,
die dort in jenem Kind ist,
und für ein solches Wunder.
Es ist das Wunder des Weihnachtsfestes,
auf das wir uns jetzt in der Adventszeit
mit Hoffnung vorbereiten.
Es ist die Überraschung eines Gottes,
der Kind geworden ist,
eines armen Gottes,
eines schwachen Gottes,
eines Gottes, der seine Größe aufgibt,
um einem jeden von uns nahe zu sein.

Papst Franziskus

Hinführung

Wege im Advent

Welche Wege bin ich in diesem Jahr gegangen? Wollte ich das so? Wenn jetzt der erste Schnee auf meine Pfade fällt, wenn es wieder Winter wird, kalt und stiller, dann schaue ich zurück – und schaue noch vorn. Was wird das für ein Fest werden – in diesem Jahr nach diesem Jahr? Adventswege sind anders. Vielleicht nur, weil meine Stimmung anders ist, gefühliger sagte einmal einer. Ich erinnere mich an Wege durch den Schnee am Abend. Die Straßenlaternen warfen ein rötliches Licht über das Land und es war einfach still. Es war um diese Zeit ja immer still in dieser Gegend. Aber an diesen Abenden hat mich die Stille anders erreicht. Sie war in gewisser Weise größer. Als ob etwas geschähe, weit über mich hinaus.

Selbst der Adventsweg in Beirut, unter brütender Sonne und zugleich unter den Neonlicht-Sternen, die auch dort die Straße schmücken, hatte etwas von dieser Größe, obwohl um uns das Leben pulsierte und es in diesem Land nie still ist.

Advent und Weihnachten in einem Jahr, in dem
Urlaub ganz anders war? Menschwerdung angesichts gerade dieser Welt, krankheitsgeschüttelt
und voller Sehnsucht? Eine offene Frage und zugleich eine berührende Frage. Sie betrifft mein
Verhältnis zu Gott ebenso wie mein Verhältnis
zu mir selbst. Eine einfache Antwort finde ich
nicht. Nur Bruchstücke. Aber gerade auf sie
kommt es an.

Adventswege bereiten etwas in mir vor und sind
doch zugleich schon Antwort auf etwas, was
längst geschehen ist, was sich nur vorbereiten
kann, weil ich es kenne. Ich gehe, schleiche,
schlendre, hüpfe sie, je nach Tagesstimmung.
Jeder geht sie, ob bewusst oder unbewusst. Adventswege sind unter unseren Füßen bereits da.
Ein Geschenk und eine Chance, auch und gerade
in diesem Jahr.

Bettine Reichelt

1. Adventswoche:
Wann ist Advent?

Wann ist Advent

Nasen am Fenster suchen
das, was man kennt.
Ist da schon Schnee draußen?
Schnee zum Advent?

Herzen, die schlagen,
weil die Kerze schon brennt.
Leuchtet die erste schon?
Die am Kranz zum Advent?

Hände, gestalten mit, Hände, die falten sich,
manches noch trennt.
Komm, Herr, und halte mich,
schenk mir Advent.

Bettine Reichelt

Aufgerichtet

Siehe, Tage kommen - Spruch des HERRN -, da erfülle ich das Heilswort, das ich über das Haus Israel und über das Haus Juda gesprochen habe. In jenen Tagen und zu jener Zeit werde ich für David einen gerechten Spross aufsprießen lassen. Er wird Recht und Gerechtigkeit wirken im Land. In jenen Tagen wird Juda gerettet werden, Jerusalem kann in Sicherheit wohnen. Man wird ihm den Namen geben: Der HERR ist unsere Gerechtigkeit.

Jeremia 33,14−16

Warten mit allen Sinnen

Warten gehört ganz selbstverständlich zu unserem Alltag und zu unserem Leben. Deshalb machen wir uns in den meisten Fällen keine größeren Gedanken darüber. Wenn wir es nicht dringend eilig haben, fällt es oft gar nicht auf, dass wir warten. An der Ampel, an der Wursttheke, beim Bäcker, an der Kasse, beim Arzt oder dass die Kartoffeln kochen oder auf einen Anruf, eine WhatsApp oder eine E-Mail.
Warten hat immer mit unseren Sinnen zu tun. Ich schaue auf die Ampel oder auf die Verkäufe-

rin, die Kassiererin. Ich höre auf die Stimme, die
mich beim Arzt aufruft oder ob im Topf schon das
Wasser kocht. Immer ist mindestens ein Sinnes-
organ auf Lauerstellung gestellt, wenn ich warte.
Damit wird deutlich, dass mein Körper auf das
Warten ausgerichtet ist. Man sagt, dass das Gehör
selbst nachts nicht wirklich schläft, sondern un-
entwegt sortiert, welche Geräusche wichtig oder
unwichtig sind. Ja, man könnte sogar sagen, dass
unser ganzes Dasein darauf aus ist, auf etwas zu
warten.

Ich warte auf das Glück, auf den Sinn in manchen
Dingen oder Begebenheiten, auf eine Erleuchtung,
die mich weiterbringt. ICH bin ein wartendes ICH.
Und so ER-WARTE ich mein Leben. Ich erwarte
es mir. Durch meine Sinne und mein Warten geschieht Leben, entfaltet sich Leben, wird Leben
hell, traurig, glücklich, einsam, berauschend,
niederschmetternd, erträglich, verführerisch, me-
lancholisch, zärtlich, wird Leben erst zum Leben.
Denn Leben hat mit Erwartungen zu tun.

Dies ist für mich immer aktiv und zugleich passiv
zu sehen. Denn die Zeit des Wartens kann ich in
den meisten Fällen nicht beeinflussen. Wann die
Ampel endlich auf Grün umschaltet, wie lange ich
anstehen muss oder wann sich ein Mensch bei
mir meldet, das sind äußere Faktoren, die meinem Zugriff in der Regel entzogen sind. Ich muss
sie einfach hinnehmen.

Das ist die passive Seite.

Auf der aktiven Seite stehen meine Sinne. Wenn ich sie nicht nutze, dann verpasse ich unter Umständen, worauf ich warte. Wenn ich mich oder meine Sinne mit anderen Tätigkeiten ablenke, dann kann ich den Zeitpunkt verpassen, an dem das geschieht, worauf ich warte. Das, worauf ich warte, muss ich auch ergreifen.

Weil aber das Warten mich und mein Leben, meine Lebensart und meine Lebensweise beeinflusst, hat das Warten auch etwas mit meiner Seele zu tun. Es kann meine Seele beflügeln, oder meine Seele verletzen.

Warten kann eben nicht nur im Alltag seinen Platz haben, sondern es hat etwas mit mir und meiner Persönlichkeit zu tun, mit der Grundeinstellung meines Lebens und meinem Selbstwertgefühl.

– Manche Menschen warten ein Leben lang darauf, dass ein herausragendes Ereignis ihr Leben auf den Kopf stellt.

– Manche Menschen warten ein Leben lang darauf, dass ihnen das Glück ihres Lebens über den Weg läuft.

– Manche Menschen warten ein Leben lang darauf, dass sie alles erreicht haben, um endlich zufrieden sein zu können.

[...] Jesus fordert uns Menschen dazu auf, mit allen unseren Sinnen wachsam zu sein, damit wir den Zeitpunkt nicht verpassen, an dem das Warten unseres Lebens ein Ende hat. Der Advent zieht uns

jedes Jahr wieder hinein in eine Atmosphäre, die
geprägt ist vom Warten, vom Er-warten. Der Advent ruft uns die Sehnsucht in Erinnerung, die in
jedem Christen, in jedem Menschen brennt, dass
wir ein erfülltes Leben führen möchten. Kein abgefülltes Leben mit Konsum, mit Dauerberieselung, mit Freizeitablenkung oder Überarbeitung.
Ein Leben zu erwarten, das uns in christlichem
Sinn zusammenführt, in eine Gemeinschaft, die
zu einer Vertrauensgemeinschaft wird.

Andreas Matthäi

In Freude das Fest erwarten

Es gibt unterschiedliches Warten in meinem Leben: unangenehmes Warten beim Zahnarzt; ärgerliches Warten, wenn ein Zug sich verspätet hat; besorgtes Warten, wenn eine wichtige Nachricht sich
verzögert.
Warten und Warten ist eben nicht dasselbe. Auf
eine Prüfung wartet man anders als auf die Freundin, ein Gerichtsurteil erwartet man anders als das
Herannahen des Weihnachtsfestes. Kann ich auch
sagen: Christen warten anders als Nichtchristen?
Dass beide „Arten" von Menschen „warten": sich
auf Zukunft beziehen, sich auf Künftiges ausstre-

cken – das ist wohl unbestritten. Jeder Mensch wartet auf etwas! Das unterscheidet uns vom Tier – wir leben stets aus einer Hoffnung, mag sie noch so klein sein. Die Frage ist nur, worauf wir warten dürfen. Auf „etwas" – oder auf „jemanden".

Die Jungfrauen im Gleichnis warten auf den Bräutigam. Sie warten auf die Hochzeit, das „Fest" – in der Sprache der Bibel eine Metapher für das Kommen Gottes am Ende aller Geschichte. Für mich definiert sich der tiefste Sinn des Lebens darin: ein zum Fest Eingeladener zu sein.

Warten wir noch in Freude auf das Fest, das Gott uns bereiten wird? Haben wir noch genügend Öl in unseren Lebenskrügen, damit uns das Licht der Hoffnung, die Freude der Erwartung nicht ausgeht? Es ist töricht zu meinen, das Einladungsbillett sei schon alles. Sicher, es mag schön gestaltet sein, vielleicht sogar goldumrandet.

Das Entscheidende aber ist doch: Eine Einladung verheißt etwas! Sie stellt etwas Größeres in Aussicht! Sie will Vor-Freude erwecken, Sehnsucht, Erwartung – nicht satte Zufriedenheit. Ist uns das hier auf Erden geschenkte Leben noch eine Verheißung? Ist für uns unsere Taufe auf den Namen Christi noch eine „Einladung" zu einem wichtigeren und größeren Leben?

Jesus selbst, ER in Person ist der Einladende und die Einladung. ER ist nicht nur vor über 2000 Jahren gekommen, sondern er kommt jetzt, hier und heute – vielleicht wird es für dich oder mich im

kommenden Jahr heißen: „Der Bräutigam kommt!
Geht ihm entgegen!"
Es ist wichtig, das Öl der Erwartung nicht ausgehen
zu lassen. Es ist wichtig, das Licht im Herzen bren-
nen zu lassen.
„Ja, Herr, dich habe ich erwartet – hol mich hinein
in deine Freude!"

Joachim Wanke

Wie soll ich dich empfangen

Wie soll ich dich empfangen
und wie begegn ich dir,
o aller Welt Verlangen,
o meiner Seelen Zier?
O Jesu, Jesu, setze
mir selbst die Fackel bei,
damit, was dich ergötze,
mir kund und wissend sei.

Dein Zion streut dir Palmen
und grüne Zweige hin,
und ich will dir in Psalmen
ermuntern meinen Sinn.
Mein Herze soll dir grünen
in stetem Lob und Preis

und deinem Namen dienen,
so gut es kann und weiß.

Was hast du unterlassen
zu meinem Trost und Freud,
als Leib und Seele saßen
in ihrem größten Leid?
Als mir das Reich genommen,
da Fried und Freude lacht,
da bist du, mein Heil, kommen
und hast mich froh gemacht.

Ich lag in schweren Banden,
du kommst und machst mich los;
ich stand in Spott und Schanden,
du kommst und machst mich groß
und hebst mich hoch zu Ehren
und schenkst mir großes Gut,
das sich nicht lässt verzehren,
wie irdisch Reichtum tut.

Nichts, nichts hat dich getrieben
zu mir vom Himmelszelt
als das geliebte Lieben,
damit du alle Welt
in ihren tausend Plagen
und großen Jammerlast,
die kein Mund kann aussagen,
so fest umfangen hast.

Das schreib dir in dein Herze,
du hochbetrübtes Heer,
bei denen Gram und Schmerze
sich häuft je mehr und mehr;
seid unverzagt, ihr habet
die Hilfe vor der Tür;
der eure Herzen labet
und tröstet, steht allhier.

Ihr dürft euch nicht bemühen
noch sorgen Tag und Nacht,
wie ihr ihn wollet ziehen
mit eures Armes Macht.
Er kommt, er kommt mit Willen,
ist voller Lieb und Lust,
all Angst und Not zu stillen,
die ihm an euch bewusst.

Auch dürft ihr nicht erschrecken
vor eurer Sünden Schuld;
nein, Jesus will sie decken
mit seiner Lieb und Huld.
Er kommt, er kommt den Sündern
zu Trost und wahrem Heil,
schafft, dass bei Gottes Kindern
verbleib ihr Erb und Teil.

Was fragt ihr nach dem Schreien
der Feind und ihrer Tück?
Der Herr wird sie zerstreuen

in einem Augenblick.
Er kommt, er kommt, ein König,
dem wahrlich alle Feind
auf Erden viel zu wenig
zum Widerstande seind.

Er kommt zum Weltgerichte:
zum Fluch dem, der ihm flucht,
mit Gnad und süßem Lichte
dem, der ihn liebt und sucht.
Ach komm, ach komm, o Sonne,
und hol uns allzumal
zum ewgen Licht und Wonne
in deinen Freudensaal.

Paul Gerhard

Die Nacht ist vorgedrungen

Treibt das Weltraumschiff Erde immer dunkle-
ren Zonen entgegen, bedarf es keiner Hellseher,
die das Dunkle in Einzelheiten vorhersagen.
Wahrsager stehen nicht im Dienste Gottes. Mit
dunklen Voraussagen würden sie Menschen nur
lähmen, obwohl manches noch angepackt und
möglicherweise in eine andere Richtung gelenkt
werden könnte. Jochen Klepper (1903–1942) war

ein „Hell-Seher". Auch wenn sich für ihn immer
dunklere Wolken zusammenbrauten, entdeckte
er doch hinter ihnen die Lichtstrahlen Gottes.
Sein Glaube sagte ihm: Die Nacht hat ihren Zenit
überschritten. Hinter dem Dunklen dämmert es
hell. Die Macht des Todes ist gebrochen. Sterben
wird zu einem Durchgang zur Quelle des ewigen
Lichts.
Klepper folgte darin den Spuren des Apostels
Paulus. Er kannte den Briefabschnitt aus dem
Römerbrief:

> „Und das tut im Wissen um die gegenwärtige
> Zeit: Die Stunde ist gekommen, aufzustehen
> vom Schlaf. Denn jetzt ist das Heil uns näher
> als zu der Zeit, da wir gläubig wurden. Die
> Nacht ist vorgerückt, der Tag ist nahe. Darum
> lasst uns ablegen die Werke der Finsternis
> und anlegen die Waffen des Lichts!"
> (Röm 13,11‒12)

Dass die zunehmende Dunkelheit nicht aufzu-
halten war, dessen war sich Klepper bewusst.
Er durchlitt sie am eigenen Leibe. Er hatte
manche berufliche, auch familiäre Zurückset-
zungen erleben müssen. Er kannte Not. Auch
Depressionen und Lebenskrisen blieben ihm
nicht erspart. Aber getragen fühlte er sich dennoch von der Vision, dass „der Tag nahe ist".
Was veranlasste ihn, schon 1938 zu diesem

Hoffnungslied? Antwort gibt ein Abriss seines Lebens:

Klepper war äußerst sensibel. 1931 heiratete er die zehn Jahre ältere jüdische Witwe Hanni Gerstel-Stein. Zwei Töchter brachte sie mit in die Ehe. Sie bot Jochen Klepper Halt. Sie bestärkte ihn in seiner Arbeit als Schriftsteller und Dichter. Jahre später ließ sie sich taufen, sicher nicht nur in der vagen Hoffnung, dadurch der Verfolgung durch die Nazis zu entgehen. Bekannt wurde Klepper durch das Buch „Der Kahn der fröhlichen Leute", vor allem durch den Roman „Der Vater" über König Friedrich Wilhelm I. (1688–1740). Beide Werke erschienen 1937. Ein Jahr später folgte der Gedichtband „Kyrie". Zu seinen geistlichen Liedern schöpfte er die Kraft aus Gottes Wort. Das gab ihnen Tiefe und Aussagekraft. In Breslau hatte er einige Semester Theologie und Journalistik studiert. Je mehr sich die Welt für ihn in Dunkel hüllte, desto heller wegweiste ihn Gottes Wort.

Kurze Zeit war er Soldat. Im Herbst 1941 wurde er als wehrunwürdig entlassen. Denn seine Frau und die Töchter mussten den gelben Stern tragen. Als sich die Welt in immer undurchdringlichere Nacht hüllte, verstummte Klepper. Schon seit seiner Soldatenzeit konnte er kein Lied mehr schreiben. In seinen Tagebuchaufzeichnungen von 1932 bis 1942 („Unter dem Schatten deiner Flügel", Deutsche Verlagsanstalt, Stuttgart 1956) fand sich die Notiz: „Lieder vermag ich nicht

mehr zu schreiben ... Liebe, Lob, Dank tragen
also das Lied nicht; es ist nicht möglich ohne das
Vertrauen. Und hier ist es dem Widersacher ge-
lungen, mich zu zerstören."

Klepper sah sich selbst als einen unpolitischen
Menschen, der in ein politisches Zeitalter geraten war. Das sei fast so, als ob man unter die
Räder komme (Tagebuchaufzeichnungen 19./20.
August 1933). Er wollte dem Staat gehorchen.
Aber er erlebte einen Staat, der ihm einen Lei-
densweg aufzwang. An Widerstand dachte er
nicht, auch nicht, als sich der Ring um seine Familie immer enger schloss. Es gelang ihm, bei
Adolf Eichmann und bei Innenminister Wilhelm
Frick vorzusprechen und um Ausreiseerlaubnis
für seine Familie zu bitten. Doch vergeblich! Nur
die ältere Tochter entkam nach Schweden. Als
die jüngere ins KZ gebracht werden sollte, flüch-
tete er mit Frau und Tochter in den Tod. Er tat es
vor der aufgeschlagenen Bibel. Er vertraute darauf, dass Gott ihnen vergeben wird. Eine dunkle
Tat im Horizont eines hellen Morgen.

Sein Lied von 1938 überstrahlte alles Dunkle,
das er erfahren hatte und das er noch bedroh-
licher auf sich zukommen sah:

1. Die Nacht ist vorgedrungen,
der Tag ist nicht mehr fern.
So sei nun Lob gesungen
dem hellen Morgenstern.

Auch wer zur Nacht geweinet,
der stimme froh mit ein.
Der Morgenstern bescheinet
auch deine Angst und Pein.

Für Jochen Klepper hing im Stall von Betlehem
bereits, wie Rogier van der Weyden (1400–1464)
und andere ihn gemalt haben, das Kruzifix.
Die Geburt des Heilands geschieht schon unter
dem Kreuz. Auch der Heiligenschein des Neugeborenen trägt den Kreuznimbus. Die Menschwerdung Gottes ist nicht nur ein Geschenk,
sondern auch eine Herausforderung. Nicht nur
ein Zuspruch, sondern auch ein Anspruch, dem
sich viele widersetzen. Die drei Könige aus dem
Morgenland scheinen das in ihren Geschenken
ausdrücken zu wollen: Gold schenkte man Königen, Weihrauch diente der Anbetung, Myrrhe
mischte man mit Aloe, um einen Leichnam zu
balsamieren. Sie waren so weise, dass sie vor-
ausahnten: Wagt Gott sich als Mensch in diese
Welt, kann das kein gutes Ende nehmen. Doch
Gott wird wissen, warum er dieses Schicksal auf
sich nimmt. Ihm gebührt in seiner Allwissen-
heit und Allgegenwart und in seiner unzerstör-
baren Allmacht Anbetung. Von Maria geht auf
den meisten Bildern eine innere Ruhe aus. Sie
vertraut der Verheißung Gabriels und weiß sich
in Gott geborgen. Ernsthaft Gläubigen schenkt
Gott eine Ahnung über Geburt und Tod hinaus

in die Auferstehung. Er erweist sich barmherzig,
er bleibt Gott.

2. Dem alle Engel dienen,
wird nun ein Kind und Knecht.
Gott selber ist erschienen
zur Sühne für sein Recht.
Wer schuldig ist auf Erden,
verhüll nicht mehr sein Haupt.
Er soll errettet werden,
wenn er dem Kinde glaubt.

3. Die Nacht ist schon im Schwinden,
macht euch zum Stalle auf.
Ihr sollt das Heil dort finden,
das aller Zeiten Lauf
von Anfang an verkündet,
seit eure Schuld geschah.
Nun hat sich euch verbündet,
den Gott selbst ausersah.

Klepper wusste, Schuld und Leid sind nicht an
eine bestimmte Fahne gebunden. Fahnen wech-
seln. Der Mensch bleibt erlösungsbedürftig.
Doch, je größer die Schuld, um so heller leuchtet
der Stern von Betlehem. So ist Gott! Er ist der
ganz Andere, anders als Menschen.

4. Noch manche Nacht wird fallen
auf Menschenleid und -schuld.

Doch wandert nun mit allen
der Stern der Gotteshuld.
Beglänzt von seinem Lichte,
hält euch kein Dunkel mehr;
von Gottes Angesichte
kam euch die Rettung her.

Der „Hell-Seher" Klepper vertraute darauf: Gottes Liebe bleibt ungebrochen: „Denn Gott hat die Welt so sehr geliebt, dass er seinen einzigen Sohn hingab, damit jeder, der an ihn glaubt, nicht zugrunde geht, sondern das ewige Leben hat" (Joh 3,16). Zwar verbargen sich die Menschen nach den Siegel-Gerichten vor Gott in den Klüften der Berge und Felsen (Offb 6,15–17). Auch nach den Posaunen-Gerichten wandten sie sich von ihrem gottlosen Wesen nicht ab (Offb 9,20–21). Nach den Schalen-Gerichten lästerten sie sogar noch Gott (Offb 16,21). Doch Gott geht ihnen bis in die Sackgasse ihrer Schuld nach. Er lädt sie immer wieder zu sich ein.

5. Gott will im Dunkel wohnen
und hat es doch erhellt.
Als wollte er belohnen,
so richtet er die Welt.
Der sich den Erdkreis baute,
der lässt den Sünder nicht.
Wer hier dem Sohn vertraute,
kommt dort aus dem Gericht.

Auch wenn Klepper 1941 in sein Tagebuch notierte, der Widersacher habe ihm jede Kraft geraubt, in dem Lied von 1938 bezeugt er: Gottes Liebe verliert nicht an Kraft. Sie ist größer als alle Menschenschuld. Sie hat bleibenden Wert, auch wenn Menschen das nicht verdient haben.

Friedrich Haarhaus

2. Adventswoche:
Die Erlösung naht

Nicht aussichtslos

Geschichten vom zerrissenen Menschen:
die Frau, die ihr Kind nicht annehmen kann,
der Mann, der seit Jahren keine Arbeit hat,
das Kind, das am Morgen nicht in die Schule
gehen will,
die Nachbarin, die den Lärm nicht mehr ertragen
kann,
der erfolgreiche Mitarbeiter, der sich Tag für Tag
nur noch leer fühlt,
der Freund, dem Tod nahe.
Geschichten vom zerrissenen Menschen.
Alltagsgeschichten.
Auch meine Geschichte.

Und dann ein Fenster,
durch das Licht fällt,
eine Hand,
die mich hält,
ein Lächeln,
das mich erreicht.

Und dann eine Bahn,
ein Weg,
eine Prachtstraße vielleicht.
Ich gehe.
Du gehst neben mir.

Und irgendwo in all dem
Gott selbst.

Bettine Reichelt

Allen Menschen Gottes Heil

Es war im fünfzehnten Jahr der Regierung des
Kaisers Tiberius; Pontius Pilatus war Statthal-
ter von Judäa, Herodes Tetrarch von Galiläa,
sein Bruder Philippus Tetrarch von Ituräa und
der Trachonitis, Lysanias Tetrarch von Abilene;
Hohepriester waren Hannas und Kajaphas.
Da erging in der Wüste das Wort Gottes an Johannes, den Sohn des Zacharias. Und er zog
in die Gegend am Jordan und verkündete dort
überall die Taufe der Umkehr zur Vergebung
der Sünden, wie im Buch der Reden des Propheten Jesaja geschrieben steht:

Stimme eines Rufers in der Wüste:
Bereitet den Weg des Herrn!
Macht gerade seine Straßen!
Jede Schlucht soll aufgefüllt
und jeder Berg und Hügel abgetragen werden.
Was krumm ist, soll gerade,
was uneben ist, soll zum ebenen Weg werden.
Und alle Menschen werden
das Heil Gottes schauen.

Lukas 3,1–6

Göttlicher Straßenbau

Eine Straße? Quatsch, das ist keine Straße! Um
eine einfache Straße zu bauen, hat man noch
nie ganze Schluchten auffüllen oder gar Berge
abtragen müssen.
Was da im Evangelium geschildert wird, das
ist kein einfacher Straßenbau, das erinnert
viel eher an die Baustelle für eine Autobahn.
Wenn eine neue Autobahntrasse errichtet wird,
da werden Hügel einplaniert, ganze Täler aufgefüllt und Landschaften total umgekrempelt.
Aber was soll solch ein Autobahnprojekt in
einer Wüste? Und dann auch noch lediglich für
einen Mann? Bereitet dem Herrn den Weg, baut

eine Autobahn für ihn!? Klingt doch irgendwie beschuggt. Selbst ein König hat nur zwei Füße, und zwei Füße haben Platz auf jedem Pfad. Und wenn es denn unbedingt eine Staatskarosse sein soll, reicht ein einfaches Sträßlein in der Wüste allemal. Man baut doch keine Autobahn, wenn nur ein Wagen darauf fahren soll!

Das haben nicht einmal die Könige des Mittelalters getan. Straßen haben sie auch gebaut, Prachtstraßen sogar – aber nie für einen Wagen. Ihr Wagen war dabei nicht einmal das Wichtigste. Große Straßen für Paraden hat man nicht im Blick auf den Wagen des Herrschers gebaut. Sie wurden für Massen gebaut, für Menschenmassen. Denn was wollte solch ein König auch mit einem Prunkwagen auf einer Straße entlangfahren, wenn keine Massen zugegen gewesen wären, Massen, die ihm zugejubelt hätten. Prunkstraßen wurden gebaut, damit die Massen staunen konnten – staunen über den Glanz und die Pracht des Herrschers.

Bereitet einen Weg in der Wüste, ruft Johannes. Und wenn wir genau hinschauen, dann entdecken wir auch bei ihm, dass es letztlich um nichts anderes geht. Es geht doch eigentlich gar nicht so sehr um den Herrn. Der kommt, ob mit oder ohne Straße. Es geht [...] letztlich um die Menschen, um die Massen. Denn das ist sein Zielsatz. Wie heißt's am Ende? Damit alle Menschen sehen können.

Das ist der eigentliche Grund! Uns gilt diese Straße, denn Gott selbst will zu uns kommen und alle sollen es sehen. Nichts darf im Weg stehen, kein Hindernis soll es geben, damit alle, aber auch wirklich alle zu ihm finden! Eine Straße, die selbst höchstem Verkehrsaufkommen gerecht wird, solch eine Prachtstraße, die soll entstehen, selbst bis in die entlegendsten Teile der Erde hinein.

Denn keiner soll auf der Strecke bleiben, keiner soll lange herumirren müssen. Es kommt nämlich der, der zu allen Menschen sagt – zu jedem Einzelnen und jeder Einzelnen auf dieser Welt, ganz egal ob schwarz oder weiß, ob evangelisch oder katholisch, zu allen, ganz egal auf welche Art sie ihn verehren, und selbst wenn sie noch gar nicht darum wissen, dass sie ihn verehren – es kommt der Gott, der zu uns sagt: Du bist mein geliebter Sohn. Und du bist meine geliebte Tochter. Und der Weg zu mir soll dir weit offen stehen. Er soll für dich bereitet sein.

Jörg Sieger

Das Wort erging in der Wüste

Wer in der Wüste redet
will doch wohl trotzdem gehört

und auch verstanden werden
sonst würde er gar nicht erst reden

Wer in der Wüste redet
wagt sich ins Leere zu sprechen
wagt ohne Antwort zu bleiben
wagt ja riskiert sich total

Worte benötigen Ohren
wache aufnehmende Herzen
bleiben sonst leere Hülsen
in Wind und Sand reingesprochen

Wäre es klüger zu reden
dort wo die vielen halt sind
hoffend dass einer es höre
größer wären die Chancen

Doch wo so viele Menschen
ist es bisweilen zu laut
sodass ein Wort nicht zu hören
auch wird zu Schall und zu Rauch

Und wenn sie das Wort sogar hören
kann es trotzdem geschehn
dass keiner es für sich annimmt
denkt nur es gelte den andern

Ja vielleicht wächst in der Wüste
viel mehr die Chance für das Wort

dass es der eine höre
der es auch hören soll

So war es in jenen Zeiten
als Gottes Wort erging
Johannes war in der Wüste
nichts störte damals sein Hören

Fiel drum auf guten Boden
brachte ihn in Bewegung
weiterzutragen die Botschaft
Menschen dafür zu gewinnen

Vielleicht braucht's ja die Wüste
auch heute in unserer Zeit
dass wir zu Hörenden werden
dass auch an uns geht sein Wort

Dass wir in unserem Leben
ihm einen Weg bereiten
offen für ihn heute werden
dass er zu uns kommen kann

Dass wir ihm neu glauben lernen
dass er das Heil will uns bringen
dass er nicht Last für uns werde
vielmehr zum Leben uns führt

Werner Vollmuth

Ebnet den Weg für den Herrn

„Bereitet dem Herrn den Weg." Brüder, selbst wenn ihr auf diesem Weg schon weit fortge-schritten seid, müsst ihr ihn immer weiter eb-nen, damit ihr von dort aus, wo ihr angelangt seid, immer weiter vorwärtsgeht und immer aus-gerichtet seid auf das, was vor euch liegt. Wenn daher der Weg mit jedem Schritt, den ihr tut, für seine Ankunft bereitet ist, wird der Herr in im-mer neuer und immer größerer Gestalt vor euch erscheinen. Der Gerechte betet also zu Recht: „Führe mich auf dem Pfad deiner Gebote, ich habe an ihm Gefallen" (Ps 119,33).

Dieser Weg heißt Weg der Weisheit, weil die Güte dessen, auf den wir uns zubewegen, kein Ende hat. Deshalb wird der weise und entschlossene Pilger, auch wenn er am Ziel angekommen ist, daran denken, sich erneut auf den Weg zu ma-chen; er vergisst, was hinter ihm liegt (Phil 3,13), und wird sich jeden Tag sagen: „Jetzt fange ich neu an" (Ps 76,11, Vulg).

Wir reden davon, auf diesem Weg Fortschritte zu machen: Möge der Himmel Gefallen daran ha-ben, dass wir uns wenigstens bereits aufgemacht haben. Meiner Meinung nach ist jeder, der sich aufgemacht hat, schon auf dem rechten Weg. Wir müssen uns jedenfalls wirklich auf den Weg ma-chen und „den Weg zur wohnlichen Stadt" (Ps 107,4) finden. Denn der, der die Wahrheit ist (Mt

7,14), sagt: „Nur wenige finden ihn; und viele irren umher in der Wüste, im Ödland" (Ps 107,4) ...
Und du, Herr, hast uns einen Weg bereitet; wenn wir uns doch nur darauf einlassen wollten! ...
Durch deine Gebote hast du uns gelehrt, deinen Willen zu tun: „Hier ist der Weg, auf ihm müsst ihr gehen, auch wenn ihr selbst rechts oder links gehen wolltet" (Jes 30,21). Es ist der Weg, den der Prophet verheißen hat: „Eine gerade Straße wird es dort geben und Unerfahrene gehen nicht mehr in die Irre" (Jes 35,8) ...

Ich habe es noch nie erlebt, dass ein Unerfahrener sich verirrt, wenn er auf deinem Weg bleibt, Herr ...; aber wehe denen, die in ihren eigenen Augen weise sind (Jes 5,21); ihre Weisheit hat sie vom Weg des Heils abgebracht, und sie konnten dem Retter auf seinem Weg der Torheit nicht folgen ... Torheit, die wünschenswert ist, die Weisheit genannt werden wird in den Augen Gottes, der es nicht zulässt, dass wir von seinem Weg abkommen.

Guerric von Igny

Weil sich eure Erlösung naht ...

Auf kein anderes Fest im Jahr bereiten sich die Menschen so ausführlich vor. Was werde ich wem schenken? Wie und mit wem werde ich den Heiligen Abend verbringen? Und wie bereite ich mich innerlich auf dieses so besondere Fest vor?

„Freut euch, der Erlöser kommt!" Das ist ein Satz, der Zauberkraft hat und der bei mir schon sehr lange eine Melodie hat. Ich muss um die zwölf Jahre alt gewesen sein, als meine große Schwester zum Weihnachtsfest eine gerade neu erschienene Schallplatte mitbrachte: „Navidad nuestra", „Unsere Weihnacht", von dem argentinischen Komponisten Ariel Ramirez. Diese Klänge aus Südamerika haben mich von Anfang an verzaubert, und bei uns in der Familie wurden die Melodien der „Navidad Nuestra" Jahr für Jahr zum festen Bestandteil unserer Weihnachtfreude. [...]

Ich kenne das Wort „Erlösung" als eine Art kirchliches Schimpfwort in der Zusammensetzung „Selbsterlösung". Das sollte ich keinesfalls machen, wurde mir immer wieder gesagt, mich selbst erlösen – durch Meditation, mentales Training, Therapie. Ganz auf Gott vertrauen, sich von ihm erlösen lassen, das wäre im Sinne Christi. Aber an dieser Vorstellung hat mich immer eines gestört: Ein Mensch, der

nicht an sich arbeitet, sondern auf andere wartet, die diese Arbeit für ihn machen – so ein
Mensch wollte ich nie sein.

Vor allem aber darf eine Gesellschaft nicht auf
Erlösung von oben oder von außen warten.
Schon gar nicht auf einen Diktator mit absur-
den Ideen. Das darf nie wieder passieren. Eine
Gesellschaft muss alles tun, damit es den Men-
schen dieser Gesellschaft besser geht.

Sie muss mithelfen, dass die Blinden sehen,
dass Kranke geheilt werden, dass die Zahl der
früh an Infektionen sterbenden Kinder zurück-
geht, dass Menschen im Elend nicht länger unter dem Existenzminimum leben. Daran haben
die Menschen in den letzten Jahrzehnten mit
großem Erfolg gearbeitet. Es gibt noch viel zu
tun, aber wir sind ein gutes Stück vorangekom-
men.

Nicht zuletzt, weil dieser Impuls Jesu sich in
allen Religionen und allen weltlichen Gesell-
schaften immer mehr durchsetzt: den Nächsten lieben, die praktischen Lebensumstände
verbessern. Auf den Erlöser warten und selbst
an der Erlösung der Elenden und Armen mit-
arbeiten, das dürfen keine Gegensätze sein, die
gegeneinander ausgespielt werden.

Der zweite Adventssonntag mit dem Thema „Er-
lösung" wäre ein guter Zeitpunkt im Advents-
Countdown, um kluge Aktionen zu starten.
Am besten bei sich selbst anfangen. Der große

Theologe Thomas von Aquin nennt in seinem riesigen und ernsten Werk „Summa Theologiae" sechs überraschend einfache Mittel gegen Frust und Traurigkeit. Kleine ganz praktische Lösungen, Mini-Erlösungen sozusagen.

Die erste ist das Genießen. Gönn dir etwas Gutes, sagt er. Sei dankbar für die Gaben dieser Welt: ein guter Schluck, etwas Feines zum Essen, ein schönes Musikstück. Genieße, damit du nicht ungenießbar wirst.

Das zweite Mittel gegen die Traurigkeit ist verblüffenderweise: Weinen. Weinen macht weicher. Augen, die geweint haben, sehen die Welt klarer und in milderem Licht. Auch Jesus hat geweint. Die syrischen Mystiker der Urkirche, haben es „das erlösende Sakrament der Tränen" genannt.

Thomas' Rat Nummer drei lautet: mit Freunden sprechen. Geteiltes Leid ist halbes Leid, sagt man. Lass dir von anderen helfen, dich von den Fesseln deiner Traurigkeit zu lösen.

Die vierte Mini-Erlösung, die Thomas von Aquin vorschlägt, ist das Betrachten der Wahrheit. Heute würden wir dazu sagen: der Fakten-Check. Lass dich nicht einwickeln von falschen Verführern und Fake News. Suche mit klarem Verstand nach der Wahrheit. Frag nach, frag nach den Zahlen, den Daten, dem Messbaren. Verlass dich nicht allein auf deine Gefühle und Ängste.

Der fünfte Rat von Thomas lautet: Schlafen. Weil diese menschliche Aktion am deutlichsten zeigt, dass du loslassen kannst. Du kannst dich im Traum lösen von allem. Sei barmherzig mit dir und gönne dir in den dunklen Wochen des Jahres ausreichend Schlaf.

Der letzte und sechste Rat ist erstaunlicherweise: Schwimmen. Dabei erlebst du die richtige Balance von Bewegung und Getragenwerden, von Spannung und Entspannung. Erinnere dich, dass du die ersten Monate deines Lebens schwimmend im Bauch deiner Mutter verbracht hast. Auch Jesus hat so angefangen. Bis er, wie alle Menschen, das Wunder der Geburt erlebt hat: El nacimiento.

„Das ist die Nacht, die Gott den Menschen prophezeit hat. Jetzt ist sie da. Es ist Weihnachtsabend, schlaf jetzt nicht mehr. Gott ist geboren. Gott ist jetzt hier."

Werner Küstenmacher

Gottes Heil kommt

Unser ganzes Leben lang warten wir auf etwas, hoffen wir auf etwas. Wer klein ist, will groß werden; wer jung ist, will was erleben, sich Freunde gewinnen und die Welt erobern; wer „mitten im Leben steht", will seine Beziehungen sichern, für Kinder Verantwortung übernehmen, im Beruf vorankommen usw. Immer aber hat unser Hoffen einen positiven und einen negativen Teil: Wir hoffen, dass wir vorankommen und Neues gewinnen, und wir hoffen zugleich, dass wir nicht zurückfallen, dass (wie man so sagt)„nichts passiert".

Je älter man wird, desto weniger erhofft man sich noch Steigerungen des Lebens und desto mehr hat die Hoffnung die Form, dass man von Krankheiten und sonstigen Widrigkeiten verschont bleibt. Man sagt dann öfter: Was habe ich noch zu erwarten? Und man denkt immer öfter an den Tod, der auf uns alle wartet. Man erhofft sich dann, dass er nicht zu bald kommt und dass man vorher nicht durch Zustände extremer Schwäche oder der Demenz gehen muss, und wenn es schon so weit kommen muss, dass es dann schnell vorübergehen möge. So steigt im Lauf des Lebens der Pegel der Erwartung und sinkt dann wieder, wenn man sich nichts vormacht. Das ist der natürliche Lauf der Dinge, wie ihn wohl jeder im Großen und Ganzen erlebt. – Das Leben erfüllt viele unserer Erwartungen. Manche aber enttäuscht es auch. Wir müssen lernen, uns mit beidem zufriedenzugeben: mit dem Glück und mit dem Unglück, und zwar in der rechten Weise. Wir müssen das lernen – aber können wir es auch lernen? Wie können wir es lernen?

In dem Maß, indem wir glauben, zieht sich quer zum wechselhaften Wellenspiel unserer Erwartungen, mitsamt den dazugehörigen Erfüllungen und Enttäuschungen, eine Linie. Sie gehört zur Kette, die uns im Ewigen verankert. Diese Ankerkette ist unzerreißbar. Von der Seite Gottes her heißt sie Treue; von unserer Seite her: Hoffnung. Deshalb wird die Hoffnung oft durch das Symbol des Ankers dargestellt so wie die Liebe durch dasjenige des Herzens. Im Auf und Ab unseres Lebens – nicht daneben auch noch – hoffen wir auf Gott: dass Gott uns nicht allein lässt, sondern uns begleitet, ja auf uns zukommt. An dieser Hoffnung wollen wir festhalten, solange wir leben und im Glauben leben, noch nicht im Schauen.

Aber einmal möchten wir doch auch sehen. Oder nicht? Hofft darauf nicht jeder, der geistig nicht abgestumpft ist, dass ihm das Rätsel seines Lebens einmal entschleiert wird? Dass er sich mit dem Geheimnis des Lebens, das im Kern Gott ist, beruhigen kann, ja selig sich ihm anvertrauen kann? Das wäre dann der eigentliche Advent: wo Gott bei uns ankommt und wir bei ihm. Wann ist dieser Advent?

In manchen, seltenen Augenblicken zieht sich unser Leben, das sich sonst meist in seine Vergangenheit und Zukunft erstreckt und sogar zerfahren ist, in eine Dichte der Gegenwart zusammen, wo es ganz gesammelt zu sein scheint.

Vielleicht haben Sie auch selbst so etwas schon erlebt. In diesen Augenblicken kann es dann sein, dass man den Eindruck hat, Gott, der Gott unseres Lebens, sei ganz nahe und lindere alle Risse, die durch unsere Seele gehen.

Es kann aber auch so sein, dass einem in solchen Augenblicken nur die Frage nach dem Sinn des Ganzen recht deutlich wird und mit ihr das Verlangen, endlich Gott wirklich zu erkennen, bzw. das sehnliche Verlangen, dass er uns entgegenkomme, dass für uns ganz persönlich Advent werde.

Wann kommt es zu diesem Advent? Erst nach dem Tod? Nein. Unser ganzes Leben lang kommt Gott auf uns zu und klopft an unsere Tür, weil er in uns Wohnung nehmen will. Und eine Stimme ruft: „Macht hoch die Tür, die Tor' macht weit!", nämlich die Tür unseres Herzens: zuerst die äußere Haustür, dann die Tür zur inneren Wohnung der Seele, in der wir ganz mit uns allein sind und zu der sonst niemand Zugang hat.

Zwischendrin werden wir wahrscheinlich, in Anfällen von Dummheit und Angst, die Türen auch immer wieder gegen den unbekannten Gast verriegeln. Aber irgendwann wird uns das hoffentlich auch wieder leidtun. Wir werden die verklemmten Türen wieder aufmachen wollen und rufen: Bitte, komm! „Ach, zieh mit deiner Gnade ein!"

Und wenn dann der Tod herankommt, dann brauchen wir keine Angst zu haben. Denn der ewige Gott wohnt in uns, und gegen Gott vermag der Tod nichts. So ist auch für uns der Tod nichts anderes als eine Wand aus Papier, hinter die wir zwar nicht schauen können, durch die man aber leicht hindurchkommt auf die andere Seite, wo die große Überraschung auf uns wartet: dass dort unser Schöpfer auf uns wartet − wir da ankommen, wo wir immer schon zu Hause waren.

Gerd Haeffner SJ

3. Adventswoche: Handelt!

Dich finden in allen Dingen

Licht aller Lichter, wenn es so schien,
als gebe es keine Hoffnung,
habe ich dein Licht gesehen
in den Augen eines Kindes.

Wenn es so schien,
als gebe es keine Freude,
habe ich deine Freude gefühlt
in der Stimme eines Freundes.

Wenn es so schien,
als sei das Leben schal,
habe ich die Frische des Sonnenlichts
genossen auf meiner Haut.

Dank sei dir
für deine Liebe in vieler Gestalt.
Öffne meine Sinne für deine Nähe,
dass ich dich lieben kann und dich finden
in allen Dingen.

Samuel Friedländer

Jubelt!

Juble, Tochter Zion! Jauchze, Israel! Freu dich
und frohlocke von ganzem Herzen, Tochter Jerusalem! Der HERR hat das Urteil gegen dich auf-
gehoben und deine Feinde zur Umkehr gezwun-
gen. Der König Israels, der HERR, ist in deiner
Mitte; du hast kein Unheil mehr zu fürchten. An
jenem Tag wird man zu Jerusalem sagen: Fürch-
te dich nicht, Zion! Lass die Hände nicht sinken!
Der HERR, dein Gott, ist in deiner Mitte, ein
Held, der Rettung bringt. Er freut sich und jubelt
über dich, er schweigt in seiner Liebe, er jubelt
über dich und frohlockt, wie man frohlockt an
einem Festtag.

Zefanja 3,14–17

Das Leben gestalten

Was macht es uns Menschen möglich zu handeln und unser Leben zu gestalten? Für die Phi-
losophin Hannah Arendt sind es zwei Fähigkeiten: verzeihen und versprechen zu können.
Verzeihen befreit davon, auf die vergangenen
Taten festgelegt zu bleiben; Versprechen zu
machen und zu halten macht es möglich, sich

halbwegs sicher der unabsehbaren Zukunft
zu stellen. Für beides sind wir auf andere an-
gewiesen. Verzeihen und Versprechen ermög-
lichen es, das Leben verbindlich zu gestalten,
auch über unausweichliche Brüche hinweg.
Wenn das gelingt, ist es ein Grund zu großer
Freude.

Mit Israel lesen
Der Lesungstext ruft das Volk Israel zur Freude auf. Es wird im Bild der Stadt Jerusalem
als Frau angesprochen, als Tochter Zion. Der
Aufruf – eine wahre Fülle davon – gründet in
einer Zusage: Gott freut sich an den Menschen,
jubelt über sie und erneuert seine Liebe. Der
Text steht im dritten Kapitel des Buches Zefanja. Die ersten beiden Kapitel sind von ganz
anderen Gefühlen geprägt. Im Zentrum steht
hier nicht der Tag der Freude, sondern der Tag
des Zorns. Die Unterschiede, ja Brüche im Buch
Zefanja haben damit zu tun, unter welchen Umständen die Texte entstanden sind. Das Buch
selbst datiert das Wirken des Propheten in die
Zeit Joschijas als König von Juda (640–609;
vgl. Zef 1,1). Sie gilt als letzte Phase der Stär-
ke und Blüte Judas. Zefanja sieht das anders.
Er beklagt Gewalt, Ausbeutung und die Anpas-
sung an fremde Kulte. Er klagt alle in Jerusalem an, besonders aber die, die Macht haben
in Religion, Politik und Wirtschaft (Zef 1,4-13).

Zefanja ruft zur Umkehr, erfolglos. Schließlich verändert sich die politische Lage zuungunsten Judas. Zefanja liest die Zeichen der Zeit und folgert für die Zukunft Schreckliches: Den Tag Gottes als Tag des Zorns – „ein Tag der Not und der Bedrängnis, ein Tag des Krachens und Berstens" (Zef 1,15) –, in der Eroberung und Zerstörung Jerusalems durch die Babylonier und der Deportation der Oberschicht ins Exil werden diese Tage Wirklichkeit. – Im Exil werden die Worte Zefanjas erinnert, vielleicht von Schülerinnen und Schülern. Sie helfen – wenn auch schonungslos und schmerzhaft – das, was geschehen ist, zu deuten. Mithilfe Zefanjas stellen sich Menschen ihrer Vergangenheit und ihrer Mitverantwortung für das Geschehene. Sie sehen Zeichen der Umkehr, mindestens bei einem „Rest von Israel" (3,13). Und schließlich beginnen sie, wieder an eine Zukunft zu glauben. Sie entwerfen diese Zukunft und nehmen das Bild vom Tag Gottes wieder auf, jetzt als Tag der Freude, als Festtag. Sie schreiben Texte, die Gottes Verzeihung und seine erneuerte Liebe zu den Menschen verkünden, und fügen diese Texte an die ersten beiden Kapitel des Buches an. Sie schreiben keinen Anti-Zefanja, schreiben nicht unter einem anderen Namen, sie sprechen nicht im Namen eines anderen Gottes. Im Gegenteil: Sie schreiben den bestehenden Text weiter. Das Neue hebt das Frühere

nicht auf, sondern setzt es fort. Als Einheit legt
der Text Zeugnis ab von der einen, ununterbro-
chenen Geschichte Gottes mit den Menschen
– ohne die Brüche darin zu verschweigen oder
kleinzureden. Die Brüche und der heftige Streit
sind Teil dieser Geschichte, genauso wie die
Liebe. Die Zuversicht, dass die Liebe nicht zu
Ende ist, sondern sich erneuern kann, gründet für die Zefanja-Schule darin, dass Gott in
der Mitte des Volkes ist. Zweimal wird dieser
Satz wiederholt (3,15 und 3,17). Er ist Zusage
und Versprechen für die Zukunft. Gott ist ge-
genwärtig in allen Teilen des Zefanja-Buches,
über alle Brüche hinweg. Im Jubel und im Zorn
bleibt Gott in Beziehung – leidenschaftlich.
Das ist manchmal kaum auszuhalten – für das
Buch Zefanja aber ein Grund zum Jubeln und
die Grundlage von neuem Leben. Wie dieses
neue Leben gestaltet wird, im Alltag nach dem
großen Fest, das wird nur angedeutet: „Der
Rest von Israel wird kein Unrecht mehr tun",
heißt es in Zef 3,13. Was das konkret heißt,
muss zu jeder Zeit neu gefragt werden. So wie
es im Evangelium passiert.

Mit der Kirche lesen
Das Evangelium setzt genau hier ein. „Was sollen wir also tun?", fragen die Leute. Sie fragen
Johannes den Täufer, der genau wie Zefanja einen leidenschaftlichen Gott verkündet, der den

Menschen nahekommt, beängstigend nahe. Johannes wendet sich wie Zefanja an Menschen, die aufgrund ihres Besitzes oder ihrer Macht besondere Verantwortung tragen: Menschen, die mehr als das Lebensnotwendige besitzen, Zöllner, Soldaten. Seine Aufforderungen liegen auf der Linie aller alttestamentlichen Lesungstexte im Advent. Sie richten sich an Menschen, die über Macht verfügen – mit der Überzeugung, dass Unrecht verhindert und Gerechtigkeit gefördert wird, wenn Menschen ihr Machtpotenzial zügeln und zum Segen für andere einsetzen. So kommen Nächsten- und Gottesliebe zusammen, denn im Verhalten gegenüber den Nächsten – und besonders gegenüber den Schwachen – zeigt sich Gott bei den Menschen, ist Gott mitten unter uns. In den Anweisungen des Johannes wird aber auch ein Blick auf die christlichen Gemeinden möglich, in denen das Lukasevangelium entsteht. Sie sind in der Realität des Römischen Reiches angekommen. Zu ihnen gehören jetzt auch Wohlhabende und Soldaten. „Was also sollen wir tun in der Nachfolge Jesu?", lautet ihre Frage. Im Lukasevangelium finden sich dazu verschiedene Positionen im Streit miteinander. Auch das Evangelium ist ganz und gar nicht frei von Brüchen. An unserer Stelle wird Begrenzung im Interesse der Armen und Machtlosen gefordert. Damit sind aber nicht alle Fragen beantwortet: Ist das dann schon die messianische Zeit? Das Reich Gottes? Entsprechen wir so dem leidenschaftlichen Gott in unserer Mitte? Heiliger Geist und Feuer verweisen die Menschen damals und uns heute auf mehr. Wenn Gott mitten unter uns ist, ist uns mehr versprochen, ist alles möglich, ein nicht endender Festtag der Gerechtigkeit und grenzenloses Jubeln.

Peter Zürn

In Gottes Schutzraum

Keine Zeit im Kirchenjahr ist emotional so aufgeheizt wie die Adventszeit. Spätestens seit September wird kommerziell die Erwartungshaltung hochgeschraubt, eine sog. Vor-Freude strapaziert. Eine regelrechte Stimmungsmache startet den Angriff auf unser Gemüt mit dem Ziel, uns Geld zu entlocken. Spätestens ab dem 11. November stehen in allen Kaufhäusern die Weihnachtsbäume, dudelt Weihnachtsmusik und dampfender Glühwein vermittelt das Gefühl, es gäbe eine Kälte, vor der das Getränk gut schützen könne. Die kommerziell verordnete Weihnachtsstimmung berührt uns, ob wir es wollen oder nicht. Und je mehr der ganz normale Alltag stresst, je

hektischer das Leben sich gestaltet, je frustrie-
render die Lebenssituation ist, um so anfälliger
werden die Menschen für diese kleinen Vertrös-
tungen. Das gilt es zu bedenken, [...] wenn wir im
Advent in besonderer Weise von der Freude als
einer Grundhaltung sprechen, singen und verkünden.

Grundlegend ist für mich die Freude. [...] Eine
solche Freude lässt die Welt mit anderen Augen
sehen, alles in ihr und jeder Mensch hat darin
einen Ort, eine Bedeutung.

Von einer solchen Freude erfüllt zu sein, bedeutet gleichermaßen, dankbar zu sein für das Gege-
bene, bedeutet das eigene Handeln von Sorgfalt,
Achtsamkeit und einer aufmerksamen Zuwendung leiten zu lassen. Wo Gottes Gegenwart in
der Welt gewusst wird, kann diese Welt nicht
ausgebeutet oder misshandelt werden. Sie ist
Schutzraum Gottes. Zugleich weiß der Gläubige,
es ist allein Gottes Initiative, die Liebe zu seinem
Volk zu erneuern und die Feinde zu vertreiben.
Es ist sein Tun, seinem Volk nahe zu sein und die
Herzen mit Frieden zu erfüllen. Das ist der Mach-
barkeit entzogen. Insofern können diese Gaben
„nur" erbeten werden. Das bedeutet aber auch,
um die eigenen Grenzen zu wissen, bedeutet, Leben zu empfangen und nicht, es zu manipulieren
und für die eigenen Interessen zu missbrauchen.
„Was sollen wir tun?" – ist das nicht genau unsere Frage im Blick auf den Klimawandel, eine

Weltwirtschaftskrise und globale Probleme, die
wiederum alle in sich eine unübersehbar große
Zahl von Einzelschicksalen einschließen. Johannes der Täufer antwortet im Lukasevangelium
auf die Anfrage der jüdischen Obrigkeit konkret,
machbar, naheliegend.

DU schone deine Umwelt nach deinen Möglichkeiten. DU gestalte dein berufliches Umfeld so,
dass die anderen leben können. DU missbrauche
nicht deine Möglichkeiten, um andere an die Seite zu drängen. DU gehe verantwortungsvoll mit
deinem Geld um und nutze es so, dass auch für
Bedürftige noch etwas übrig bleibt.

Und DU wisse, dass du dein Tun zu verantworten
hast und nicht das Tun der anderen. Die „Spreu
vom Weizen zu trennen" ist die Aufgabe dessen,
der diese Welt in „Heiligem Geist und Feuer taufen" wird, und nicht deine. Wenn ich das Meine
tue, darf ich dann auch wissen, dass diese Welt
und ihre Nöte sehr wohl in den Augen Gottes
präsent sind und dass er sich um sein Eigentum
kümmern wird. Der Einzelne soll und darf – wie
Paulus auffordert – alles und „in jeder Lage betend und flehend eure Bitten mit Dank vor Gott"
bringen. Die Rettung des Einzelnen und des
Ganzen ist schließlich nicht mein, sondern SEIN
Werk.

Gabriele Panning

Gott und das Lachen

Darf man in der Kirche lachen? Manche werden dieser Frage spontan zustimmen, bei anderen löst sie Befremden aus. Meistens geht es in den Kirchen recht ernst und nicht unbedingt munter zu. „Gut Ding braucht Weile" – so spötteln darum auch einige – „und kirchlich Ding braucht Langeweile." Scheinen Humor und Glaube sich nicht geradezu auszuschließen? Geht es doch beim Glauben um die großen Fragen des Lebens: um Geborenwerden und Sterben, um Sünde und Schuld, um Schöpfung und Erlösung, um Ethik und Moral, um Gott und die Welt. Kann einem da zum Lachen zumute sein? Und: Hat Jesus gelacht? So viel wir auch suchen, im Neuen Testament finden wir keine Stelle, in der das belegt wäre. Ist der christliche Glaube also eine zu schwerwiegende Angelegenheit, als dass er auch Lachen auslösen könnte oder wir ihn uns durch Lachen leichter machen dürften?

Ein besonders drastischer Zeuge dieser Auffassung ist die Gestalt des blinden Bibliothekars von Burgos in Umberto Ecos Roman „Der Name der Rose". Jener greise Mönch hütet nämlich in seiner Klosterbibliothek ein Exemplar des verloren gegangenen „Zweiten Buches der Poetik" des Aristoteles, in dem die Komödie behandelt wird. Dieses Buch hält der Mönch wegen seines dramatisch-heiteren Inhalts für so gefährlich, dass

er lieber zum Verbrecher wird, als dass er es in
die Hände anderer fallen lässt. Denn, so sagt er:
„Lachen tötet die Furcht. Und ohne Furcht kann
es keinen Glauben geben."
Doch gerade dieser Satz steht im direkten Gegensatz zur biblischen Botschaft. „Furcht gibt es in
der Liebe nicht", so heißt es im 1. Johannesbrief,
„sondern die vollkommene Liebe vertreibt die
Furcht" (4,18). So gesehen wäre das Lachen, das
die Furcht tötet, ein besonders geeigneter Zugang
zu Gott, eine Hilfe, ihn tiefer lieben zu können.
Und umgekehrt gilt: Es ist gerade die Liebe zu
Gott, die dazu führen kann, das Leben leichter zu
nehmen. Wer sich nämlich in ihm geborgen weiß
und eine Zukunft sieht, muss sich nicht in der
Gegenwart verbeißen und alles bitterernst nehmen.
In der Tat ist die Bibel voll von humorvollen und
geradezu komischen Erzählungen. Vor allem im
Alten Testament gibt es viele Stellen, die die Le-
ser ganz bewusst zum Lachen reizen. Ich denke
dabei zum Beispiel an den störrischen Propheten
Jona, den es ärgert, dass die Einwohner von Nini-
ve seine Bußpredigt ernst nehmen, sich wirklich
bekehren und bei Gott Gnade finden. Mir fallen
in diesem Zusammenhang auch Sara und Abraham ein, die beide lachen müssen, als sie hören,
dass Sara in ihrem Alter noch ein Kind gebären
soll (Gen 17,17; 18,12). In solchen Geschichten
durchbricht Gott die menschlichen Erwartungen;

das Lachen, das er provoziert, schenkt eine heil-
same Distanz zu allzu festgefahrenen Ordnungen
und öffnet den Blick für neue Möglichkeiten.

In gewisser Weise wird das auch beim Oster-
geschehen deutlich. Im Mittelalter hat sich die
Freude über die Auferstehung Jesu sogar in einem eigenen Brauch niedergeschlagen: dem so-
genannten Osterlachen, dem „risus paschalis".
Zu diesem Brauch gehörte es, die Gottesdienst-
gemeinde in der Osterpredigt oftmals sogar recht
deftig zum Lachen zu bringen. Schließlich hat ja
das Leben den Tod besiegt, der sich – wie man
es deutete – an Christus „verschluckt" und damit
lächerlich gemacht hat.

Diese tiefe Lebensbejahung hat auch dazu geführt, dass es in der Geschichte der Kirche immer
wieder „lachende Heilige" gab und gibt. Besonders ausgeprägt war dies zum Beispiel bei Phi-
lipp Neri oder bei Franz von Assisi. Beide hatten
keine Angst davor, sich aus Liebe zu Gott „zum
Narren zu machen".

Und die französische Sozialarbeiterin Madeleine
Delbrêl, eine moderne Heilige, ist davon überzeugt, dass Gott gerade die Narren und die Gaukler besonders liebt:

„Denn ich glaube, [Gott]", so schreibt sie in einem
Gedicht,

> „du hast von den Leuten genug,
> die ständig davon reden, dir zu dienen –
> mit der Miene von Feldwebeln,

dich zu kennen – mit dem Gehabe
von Professoren,
zu dir zu gelangen nach den Regeln
des Sports
und dich zu lieben, wie man sich in einem
alten Haushalt liebt.
Eines Tages, als du ein wenig Lust
auf etwas anderes hattest,
hast du den heiligen Franz erfunden
und aus ihm deinen Gaukler gemacht ..."

Gerhard Feige

Freude

Freude –
das oft so sehnsuchtsvoll ausgesprochene Wort:
in den Durststrecken des Alltags,
wenn wieder die Wolken der Sorgen und Zweifel
den Blick verdunkeln,
wenn alles nur noch zu misslingen scheint.
Freude –
die das Schwere vergessen lässt.
Freude –
als Ausgelassenheit und Lachen sehnsuchtsvoll
erwartet.

Die Freude, die von dir kommt, Gott,
ist mehr als Zerstreuung in unserem Alltag.
Denn du kommst uns entgegen mit deiner Liebe
und Menschlichkeit,
ja du bist schon in unserer Mitte.
Die Freude über dein Entgegenkommen
macht heiter und gelassen,
denn du machst uns neu den Weg
der Erlösung frei.
Lass uns auf diesem Weg der Erlösung gehen,
damit wir immer mehr erfüllt sind
von der Freude,
die von dir kommt,
die hell leuchtet
in allen Dunkelheiten unseres Lebens.

Stefan Sühling

Der „krippale" Infekt
(Sich von Weihnachten anstecken lassen)

Bald wünscht man sich wieder „Frohe oder Gesegnete Weihnachten". Ich habe mir in diesem
Jahr etwas anderes ausgedacht: Ich wünsche Ihnen einen heftigen „krippalen" Infekt – dass Sie
sich an der Krippe infizieren; dass Sie sich vom
Kind in der Krippe anstecken lassen; dass der

Mann, dessen Geburtstag wir feiern, Sie mit seiner Botschaft infiziert.

Auch diesen krippalen Infekt bekommen Sie bei
Kälte – wenn Sie die Kälte in vielen menschlichen Beziehungen spüren; wenn Ihnen die Kälte
des Egoismus, der Ellenbogenmentalität bewusst
wird; wenn Sie unter der Kälte der Freudlosig-
keit Ihrer Mitmenschen leiden.

Das Ansteckungsrisiko ist aber auch groß, wenn
Ihr Immunsystem nicht intakt ist – wenn Sie
nicht immun sind gegen Fragen wie: „Wozu bin
ich auf der Welt? Was macht mein Leben wertvoll
und gut?"; wenn Sie nicht so abgehärtet sind,
dass Ihnen alles gleichgültig ist.

Schnell anstecken können Sie sich auch durch
den Kontakt mit schon Infizierten – wenn Sie
Menschen begegnen, die begeistert sind von der
Sache Jesu; denen man ansieht, dass sie als er-
löste und befreite Menschen leben.

„Habe ich mich vielleicht schon angesteckt?",
könnten Sie jetzt fragen. Wenn Sie eines der drei
folgenden Symptome an sich entdecken, sind Sie
bereits durch das Kind in der Krippe infiziert:

Schwäche: wenn Sie eine Schwäche haben für
Ihre Mitmenschen; wenn Sie sich dafür interessieren, wie es ihnen geht, worunter sie leiden,
was sie brauchen; wenn Sie bereit sind zu helfen, zu teilen und aufzumuntern.

Fieber: wenn Sie fiebern und sehnsüchtig warten auf Gerechtigkeit und Frieden; wenn Sie

sich sehnen nach Heilung und Hilfe, nach Begleitung und Zuwendung; wenn Sie brennend interessiert sind an einem gelingenden, sinnvollen Leben; wenn Sie immer mehr wissen wollen über Jesus und seine Vision vom Reich Gottes.

Schluckbeschwerden: wenn Sie nicht mehr alles schlucken können, was an Ungerechtigkeit und Lieblosigkeit in Ihrer Umgebung geschieht; wenn Sie Verletzungen und Spott nicht mehr einfach wegstecken und in sich hineindrücken wollen; wenn Sie sich weigern, alles hinzunehmen, was man Ihnen an Oberflächlichem und Belanglosem vorsetzt.

„Und was kann ich tun, was soll ich tun, wenn das passiert ist?", könnten Sie jetzt noch fragen. Alles, was den grippalen Infekt mit „g" verhindert oder bekämpft, hilft Ihnen, den mit „k" zu hegen und zu pflegen:

Zunächst einmal inhalieren: den Geist Jesu immer mehr in sich aufnehmen; sich weiterhin erfüllen lassen von seinen Worten und Gedanken, von seinem Gottvertrauen und von seiner Menschenliebe; einen Hauch seiner Gelassenheit und Unbekümmertheit einatmen und wieder verströmen. Dann eine gesunde Mischung finden zwischen Ruhe und Bewegung. Sich zum einen Ruhe gönnen: Momente der Stille einbauen in den Tages- und Wochenrhythmus; sich Zeit lassen fürs Gebet; durch das Mitfeiern der

Gottesdienste bewusst den Alltagstrott und die Geschäftigkeit unterbrechen.

Sich zum anderen aber auch in Bewegung bringen: aufstehen und Festgefahrenes, Erstarrtes hinter sich lassen; auf andere zugehen und ihnen mit der Offenheit und Weite Jesu begegnen; sie etwas spüren lassen von der Freude, die mit dem Kind in der Krippe in die Welt gekommen ist.

Wir können nur hoffen, dass Sie jetzt sagen: Ja, diesen „krippalen" Infekt wünsche ich mir auch. So möchte ich mit dem Kind in der Krippe in Berührung kommen und mich immer tiefer in seine Gedankenwelt und Lebensgeschichte hineinziehen lassen. Durch die Begegnung mit ihm möchte ich nicht grippekrank, sondern krippengesund werden und andere mit dieser Gesundheit anstecken.

Wolfgang Raible

4. Adventswoche:
Tröst mir mein Gemüte

nur ein Strohhalm

kein kindgerechtes Biotop
nur ein Stallgeruch
gegen den selbst Weihrauch
nicht ankäme

kein Hirtengeflöte
nur ein Bretterverschlag
und Wind pfeift
durch das letzte Loch

kein Rauschen goldener Engel
nur das Gesurre
lästiger Fliegen
zum Teufel mit ihnen

kein Kometenleuchten
nur ein Strohstern
zufällig hingeweht
und wieder zerstört

kein Allmachtsgott
nur ein Kind
in seinem Lächeln aber
Geburt von Liebe

Andreas Knapp

Über die Berge

In diesen Tagen machte sich Maria auf den Weg
und eilte in eine Stadt im Bergland von Judäa.
Sie ging in das Haus des Zacharias und begrüßte
Elisabet.
Und es geschah, als Elisabet den Gruß Marias
hörte, hüpfte das Kind in ihrem Leib. Da wurde Elisabet vom Heiligen Geist erfüllt und rief
mit lauter Stimme: Gesegnet bist du unter den
Frauen und gesegnet ist die Frucht deines Leibes. Wer bin ich, dass die Mutter meines Herrn
zu mir kommt? Denn siehe, in dem Augenblick,
als ich deinen Gruß hörte, hüpfte das Kind vor
Freude in meinem Leib.
Und selig, die geglaubt hat, dass sich erfüllt, was
der Herr ihr sagen ließ.

Lukas 1,36–45

Dieses Leuchten

Die Rede Elisabets an Maria endet mit den Worten. „Selig ist die, die geglaubt hat, dass sich erfüllt, was der Herr ihr sagen ließ" (Lk 1,45). Von Martin Buber wird das hebräische Wort „selig" übersetzt mit: O Glück! Es gibt eine Größe des Erlebens, die einen überwältigt, wo die Tränen fließen, nicht aus Traurigkeit und Leid, sondern einfach weil es so wunderbar, nur noch zum Staunen ist. Es gibt Ereignisse, die sind so erschütternd schön, dass sie unglaublich klingen. Eine Altenpflegerin schreibt in ihrem Buch „Ich will dich erreichen" von Begegnungen mit demenzkranken Menschen, die zunächst äußerst unwahrscheinlich erscheinen, aber doch äußerst wirklich sind. Sie ereigneten sich auf einer ganz tiefen, spirituellen Ebene. Die Frau, die sich dieser Menschen annimmt, hatte selbst einen intensiven religiösen Lernprozess durchgemacht. Sie spricht und handelt aus ihrer existenziellen Tiefe. Sie schildert im Einzelnen genau, wie sie in einer Gruppe auf einen verwirrten Mann zugeht, ihn an den Händen fasst und ihm fest in die Augen schaut. Da kommen ihm die Tränen, er schluchzt und stammelt nur: „Ja gibt es das! Dieses Leuchten!" Er sieht etwas Schönes und Überwältigendes, das er noch nie wahrgenommen, und spürt ein Glück, das er noch nie gekannt hatte.

Es hatte sich für diesen unglücklichen Menschen plötzlich eine neue Welt aufgetan, ein Raum des Erlebens, auf den er eigentlich schon lange gewartet hatte. Er, der nicht mehr wusste, wer er ist und wo er ist, der Unsinniges vor sich hinsagte und hinlärmte, reagiert in dieser Situation völlig angemessen, einfach hingerissen von einer Kraft und Dynamik, die ganz tief in ihm schon immer da ist und sein Ureigenstes ausmacht. Er hat den Anschluss an sein wahres Selbst wiedergefunden. Für diesen Mann ist es, als ob ihm ein Engel erschienen sei. Für ihn trifft auch das Wort „selig, der geglaubt hat" (Lk 1,45) zu. Eine bei ihm schon immer vorhandene Sehnsucht hat sich – so darf man annehmen – erfüllt. Es ist hier eine Episode geschildert, die außerhalb des Gewöhnlichen liegt und doch eine Spur aufweist, die jeder von uns verfolgen kann. Wir dürfen auf die Sternstunden unseres Lebens schauen. Wer sie noch nicht erlebt hat, darf sich darauf einstellen. Es gibt sie, die Ereignisse, bei denen es einem so ist, als ob einem ein Engel begegnet sei. So leicht, so froh, so zuversichtlich ist einem plötzlich zumute. Man hat das Empfinden, dass sich alle Sehnsucht erfüllt hat. Im Evangelium wird uns gesagt: Es ist, wie wenn ein kleines Kind vor Freude hüpft mit leuchtenden Augen, mit lachendem Mund.

Diese Stimmung dürfen wir mit dem Erscheinen und dem Willen Gottes zusammenbringen, von

dem wir im Hebräerbrief lesen: „Ich komme, um deinen Willen zu tun" (Hebr 10,9).
Wir müssen eingestehen, dass sich beim Gedanken an den Willen Gottes nicht immer Leichtigkeit und Jubel einstellen. Eher das Gegenteil. Für viele sind Sterbebildchen in Erinnerung, auf denen Jesus am Ölberg mit leidendem Gesicht, blutschwitzend dargestellt ist. Darunter steht: Dein Wille geschehe! Es wurde der Eindruck vermittelt, dass der Wille Gottes mit Leiden zu tun habe, dass uns etwas Hartes und Schweres auferlegt werde. Die großen Gestalten der Geschichte, die nach dem Willen Gottes für ihr Leben fragten, haben es anders erlebt. Als der heilige Franziskus das Evangelium von der Aussendung der Jünger hörte mit dem Auftrag, nichts auf den Weg mitzunehmen, da überkam ihn eine übergroße Freude und er sagte: „Das ist es, was ich suche." Es ist ein Ausdruck innerer Stimmigkeit und Echtheit. Was Franziskus nun tun will, nämlich sich der vollen Armut auszuliefern, ist von außen gesehen eine unzumutbare Last. Aber es ist das, wonach sein Inneres verlangt, es ist sein ganz Eigenes. Deshalb ist für ihn die Last leicht. Kommen wir auf unsere adventliche Erzählung zurück, als Maria auf dem Weg zu Elisabet Jesus in ihrem Leibe trägt. Beim Rosenkranz beten wir: „Den du, o Jungfrau, zu Elisabet getragen hast." Wir dürfen dabei an eine leichte Last denken.

Angewandt auf uns kann das nur heißen: Wer
Christus in seinem Herzen trägt, wer ihn verstanden hat und in seine Atmosphäre eingetaucht ist,
für den sind viele Lasten abgefallen, für den ist
das Leben im guten Sinn leichter geworden. Die
richtig verstandene Nachfolge erfüllt die Suche
nach Glück für einen selbst und zugleich für viele
andere.

Guido Kreppold

Das Geheimnis der Adventszeit

In den Wochen vor Weihnachten wanderte ich
einmal durch eines unsrer Häuser in Bethel. Da
fand ich ein kleines, krankes Mädchen, das mit
vergnügtem Gesicht aufrecht in seinem Bette saß.
Als ich zu ihm kam, rief es mir schon von Weitem
zu: „Onkel Pastor, ich weiß ein Geheimnis!" „So,"
sagte ich, „was ist das denn für ein Geheimnis?"
„Ja", sagte es, „du musst mir erst fünf Pfennig
schenken, dann sage ich es dir." Dabei guckte es
mich so schelmisch und zuversichtlich an, dass
ich nicht anders konnte, als seine Bitte zu erfüllen. Ich legte also ein Fünfpfennigstück vor ihm
auf die Bettdecke: „Nun lass mich dein Geheimnis
wissen." Da faltete die Kleine andächtig ihre Hän-

de und sagte nur diese Worte: „Advent – Advent
– Advent – Advent – Weihnachten!"
Zuerst musste ich lachen und denken: Kind, dafür
hätte ich nicht fünf Pfennig zu bezahlen brauchen.
Das weiß ich selber. Nach vier Adventssonntagen
kommt Weihnachten. Aber dann blieb der Klang
der Kinderstimme in meinem Ohr und Herzen
hängen: „Advent – Advent – Advent – Advent –
Weihnachten!" Es war, wie wenn eine große Glo-
cke läutete und ihre vier letzten Schläge klingen
feierlich durch die schweigende Stille; und dann
fällt plötzlich die Orgel ein mit einem fröhlichen
Jubel. Es war, wie wenn jemand im Dunkeln lang-
sam eine Treppe hinaufsteigt, eine Stufe nach der
andern; und plötzlich, wie es eben ist, springt vor
ihm eine Tür auf, und alles wird hell.
Das kleine Mädchen ahnte, was das Geheimnis
der Adventszeit ist: Warten und wandern, wandern und warten, bis Weihnachten kommt.

Friedrich von Bodelschwingh

Der kündende Engel

Den diesjährigen Advent sehe ich so intensiv und
ahnungsvoll wie noch nie. Wenn ich in meiner
Zelle auf und ab gehe, drei Schritte hin und drei

Schritte her, die Hände in Eisen, vor mir das un-
gewisse Schicksal, dann verstehe ich ganz anders
als sonst die alten Verheißungen vom kommenden Herrn, der erlösen und befreien wird. Und
immer kommt mir dabei in die Erinnerung der
Engel, den mir vor zwei Jahren zum Advent ein
guter Mensch schenkte. Er trug das Spruchband:
Freut euch, denn der Herr ist nahe. Den Engel hat
die Bombe zerstört. Den guten Menschen hat die
Bombe getötet, und ich spürte oft, dass er mir En-
gelsdienste tut. Der Schrecken dieser Zeit wäre
nicht auszuhalten – wie überhaupt der Schrecken,
den uns unsere Erdensituation bereitet, wenn wir
sie begreifen –, wenn nicht dieses andere Wissen
uns immer wieder ermunterte und aufrichtete,
das Wissen von den Verheißungen, die mitten im
Schrecken gesprochen werden und gelten.
Und das Wissen von den leisen Engeln der Verkündigung, die ihre Segensbotschaft sprechen in
die Not hinein und ihre Saat des Segens ausstreu-
en, die einmal aufgehen wird mitten in der Nacht.
Es sind noch nicht die lauten Engel der Erfüllung,
des Jubels und der Öffentlichkeit, die Engel des
Advents. Still und unbemerkt kommen sie in die
Kammern und vor die Herzen wie damals. Still
bringen sie die Fragen Gottes und künden uns die
Wunder Gottes, bei dem kein Ding unmöglich.
Der Advent ist trotz allem Ernst geborgene Zeit,
weil an ihn eine Botschaft erging. Ach, wenn die
Menschen einmal nichts mehr wissen von der Bot-

schaft und den Verheißungen, wenn sie nur noch
die vier Wände und die Kerkerfenster ihrer grau-
en Tage erleben und nicht mehr die leisen Sohlen
der kündenden Engel vernehmen und ihr raunen-
des Wort uns die Seele nicht mehr erschüttert und
erhebt zugleich, dann ist es geschehen um uns.
Dann leben wir verlorene Zeit und sind tot, bevor
sie uns etwas antun. An den goldenen Samen Gottes glauben, den die Engel ausgestreut haben und
immer noch den offenen Herzen anbieten, das
ist das Erste, was der Mensch zu seinem Leben
tun muss. Und das andere: selbst als kündender
Bote durch diese grauen Tage gehen. So viel Mut
bedarf der Stärkung, so viel Verzweiflung der
Tröstung, so viel Härte der milden Hand und der
aufhellenden Deutung, so viel Einsamkeit schreit
nach dem befreiendem Wort, so viel Verlust und
Schmerz sucht einen inneren Sinn. Gottes Boten
wissen um den Segen, den der Herr auch in diese
geschichtlichen Stunden hineingesät hat.

Alfred Delp

Gott hat unser Heil im Blick

„Schande" – ein uraltes, steinhartes Wort!
Vom Jemand zum Niemand werden. Sich nicht
mehr sehen lassen können. Sich am liebsten ver-
kriechen, in den Boden versinken. „Schande" –
nichts gelten, kein Ansehen haben, ausgegrenzt
werden. „Schande" – sich wertlos fühlen, verachtet sein. „Schande" – vielleicht sogar verspottet,
verhöhnt, verlacht werden.
In vielen Kulturen dieser Welt, auch im alten Orient, wissen kinderlose unfruchtbare oder als un-
fruchtbar geltende Frauen sehr gut, was Schande
ist. Und sie wissen es nicht nur im Kopf, sie spüren es in ihrem Herzen, sie erfahren es am eigenen Leib. Auch heute, hier bei uns, gibt es viele
Paare, die ungewollt kinderlos sind. Zehn Prozent
sind es in Deutschland, die sehr gerne Kinder hätten und sich nichts sehnlicher wünschen, aber
keine bekommen können. Sie werden deswegen
nicht unbedingt verachtet, sie sind deswegen keine Schande für ihre Umgebung oder für die Gesellschaft, aber es ist ein schweres Schicksal und
es nicht leicht, damit fertigzuwerden. Wie viel
wird versucht, ob es vielleicht doch noch klappt.
Man geht von Pontius bis Pilatus. Und muss am
Ende doch oft die Realität der Kinderlosigkeit, so
schmerzlich sie ist, akzeptieren.
Die namenlose Frau des Manoach in der Lesung
aus dem Buch der Richter und Elisabet, die Frau

des Zacharias, im Evangelium sind beide un-
fruchtbar. Elisabet ist außerdem noch – so heißt
es – in „fortgeschrittenem Alter", das heißt weit
darüber hinaus, wo eine Frau überhaupt noch
ein Kind bekommen kann. Und doch geschieht
das Wunderbare: Beide werden schwanger. Beide haben gar nicht mehr damit gerechnet. Beide
hatten sich schon in ihr Schicksal ergeben und
sich mit der „Schande" der Kinderlosigkeit ab-
gefunden. Beide bringen ein Kind zur Welt – un-
erwartet, unerklärlich –, pures Geschenk oder
– wie der Glaube sagt – reine Gnade. „Kinder
sind" ohnehin, wie es in einem Psalm heißt,
„eine Gabe des Herrn. Die Frucht des Leibes ist
sein Geschenk."

Wie oft werden beide Ehepaare, sowohl Manoach
und seine Frau als auch Zacharias und Elisabet,
um Nachwuchs gebetet haben. Nichts haben sie
sich ja mehr ersehnt. Ihre Kinderlosigkeit war ja
ihr großes Unglück. „Dein Gebet ist erhört worden", sagt der Engel Gabriel bei der Verkündigung der Geburt Johannes des Täufers zu Zacharias bei dessen Dienst im Tempel.

Auch wir beten manchmal inständig zu Gott,
dass er uns dieses oder jenes Anliegen, das uns
wichtig und dringlich erscheint, erfülle. – Aber
wie oft erleben wir auch, dass Gott unsere Bitten nicht erhört. Nichts tut sich. Gott scheint uns
nicht zu hören. Dann aber, wenn wir gar nicht
mehr damit rechnen, hört und erhört er uns

doch. Vielleicht nicht immer so, wie wir es uns
vorstellen und ausdenken. Vertrauen in die Güte
Gottes und Ausdauer im Gebet sind gefragt. Gott
hört und erhört jedes inständige Bitten, allerdings nicht immer so, wie wir es uns wünschen
und vorstellen. Gott sieht weiter. Er weiß, was für
uns gut ist. Gott hat immer unser Heil im Blick.
Wir Menschen sind dagegen häufig punktuell
auf die Erfüllung unserer Bitten fixiert. Gott aber
hat Mittel und Wege, die wir nicht kennen. Und
er hat Möglichkeiten, wo wir keine mehr sehen.
„Für Gott ist nichts unmöglich." [...]
Zacharias tut sich schwer mit der Botschaft des
Engels. Er ist skeptisch. Er will und kann nicht
glauben. Und er fordert ein Zeichen, sozusagen
einen Beweis. Und tatsächlich, es wird ihm ein
Zeichen gegeben, allerdings ganz anders, als er
es sich gedacht hat. Er wird nämlich stumm. Er
verstummt. Es verschlägt ihm die Sprache. Und
er bleibt stumm, bis sich die Botschaft des Engels erfüllt, bis Johannes der Täufer geboren
wird. Erst bei der Beschneidung bzw. Namens-
gebung des Kindes bekommt er seine Sprache
wieder. Dann redet er und preist Gott.
Die Geburt seines Sohnes wird für ihn, Elisabet
und viele andere Verwandte und Nachbarn zu
einem Grund der Freude. Zacharias, der seine
Sprache wiedergefunden hat, stimmt den Lob-
gesang an, der nach ihm benannt ist, den Lob-
gesang des Zacharias, das Benedictus, das einer

der Angel- und Höhepunkte im Stundengebet der Kirche ist. [...]
Die Verkündigung der Geburt des Simson in der Lesung und die Verkündigung der Geburt Johannes' des Täufers im Evangelium – kurz vor Weihnachten – sind gleichsam Präludien. Sie lassen in unseren Ohren eine andere biblische Geschichte anklingen, die Geschichte einer ebenfalls wunderbaren Schwangerschaft und einer rettenden Geburt, die wir in wenigen Tagen an Weihnachten feiern. „Durch die barmherzige Liebe unseres Gottes wird uns besuchen das aufstrahlende Licht aus der Höhe, um allen zu leuchten, die in Finsternis sitzen und im Schatten des Todes und unsere Schritte zu lenken auf den Weg des Friedens."

P. Pius Kirchgessner OFMCap

Weihnachten:
Heut schließt er
wieder auf die Tür ...

Ein Stern leuchtet auf

Ein Stern leuchtet auf
und durchbricht
die Finsternis
der Nacht.
Er weist dir den Weg
zu dem Ort, an dem
die Hoffnung lebendig wird
und die Engel verkündigen,
dass die Versöhnung
Gestalt gewinnt.
Gegen den Glanz
göttlicher Liebe
haben die dunklen Mächte
keine Chance.

Christa Spilling-Nöker

Erlöst!

Wie willkommen sind auf den Bergen die Schritte des Freudenboten, der Frieden ankündigt, der eine frohe Botschaft bringt und Heil verheißt, der zu Zion sagt: Dein Gott ist König.
Horch, deine Wächter erheben die Stimme, sie beginnen alle zu jubeln. Denn sie sehen mit eigenen Augen, wie der HERR nach Zion zurückkehrt.
Brecht in Jubel aus, jauchzt zusammen, ihr Trümmer Jerusalems! Denn der HERR hat sein Volk getröstet, er hat Jerusalem erlöst.
Der HERR hat seinen heiligen Arm vor den Augen aller Nationen entblößt und alle Enden der Erde werden das Heil unseres Gottes sehen.

Jesaja 52,7–10

Tragender Grund des Glaubens

> „Tröst mir mein Gemüte, o puer optime,
> durch alle deine Güte, o princeps gloriae."

Es gibt Wörter, die sich nur in bestimmten Sprachen finden lassen und die nur schwer übersetzbar, meist nur umschreibbar sind. Häufig deuten solche Wörter auf Besonderheiten, Eigenarten, vielleicht gar auf einen Wesenszug oder eine besondere Herausforderung der Menschen dieses Sprachraums hin.

Ein solches ist das deutsche Wort „Gemüt". Man kann es englisch mit mind, soul, feeling zu übertragen versuchen oder französisch mit caractère oder coeur, italienisch animo oder sentimento – immer trifft man nur einen Ausschnitt dessen, was „Gemüt" umfassend bündelt. Dabei darf man nicht nur an das gefühlsträchtige Gedicht Heinrich Heines denken: „Leise zieht durch mein Gemüt liebliches Geläute". Ein Blick etwa in das Deutsche Wörterbuch der Gebrüder Grimm zeigt auf mehr als dreißig penibel recherchierten Spalten die ganze Bandbreite auf, die in diesem urdeutschen Begriff steckt. Im „Gemüt" kommen alle seelischen Kräfte zusammen: Verstand und Herz, Geist, Mut und Sinn. In einem modernen philosophischen Lexikon lesen wir: „Das Gemüt durchwirkt das gesamte personale und soziale, nicht zuletzt auch das ethische und religiöse Werterleben." Und der Artikel grenzt das echte Gemütsleben, den wahrhaften Gemütsmenschen von den Zerrformen ab: gekünstelter, sentimentaler Überschwang ins reine „Feeling" ohne tragfähigen Inhalt einerseits und die Gemütsarmut kalter Verstandes- und Willenstypen sowie von Menschen, denen jegliche Fähigkeit zur Einfühlung, zum Mitleid oder zur Solidarität fehlen, andererseits. Ein echtes und starkes Gemütsleben hingegen sei „eine Großmacht im Seelenleben und ein wertvolles Ziel der Charakterformung". Eine Verletzung im Gemüt erweist sich als weit schlimmer als der Verlust bestimmter leiblicher, geistiger oder sinnlicher Fähigkeiten.

Deutsche Weihnachtslieder sind gerade wegen ihrer Gemütstiefe weltweit einmalig von der berührenden Schlichtheit des wohl verbreitetsten Weihnachtsliedes „Stille Nacht" bis hin zu höchst anspruchsvollen textlichen und melodischen Kunstwerken. Am dichtesten hat der evangelische Pfarrer und Dichter Paul Gerhardt in einem seiner Weihnachtslieder das zusammengefasst, was sich in dem deutschen Wort „Gemüt" dynamisch bündelt: die ganze geistige, seelische, sinnliche Kraft und Wirklichkeit des Menschen, sein tiefstes Ich:

> „Ich steh an deiner Krippe hier,
> O Jesu, du mein Leben.
> Ich komme, bring und schenke dir,
> was du mir hast gegeben.
> Nimm hin, es ist mein Geist und Sinn,
> Herz, Seel und Mut, nimm alles hin
> und lass dir's wohlgefallen.
>
> Ich sehe dich mit Freuden an
> und kann mich nicht sattsehen;

und weil ich nun nichts weiter kann,
bleib ich anbetend stehen.
O dass mein Sinn ein Abgrund wär
und meine Seel ein weites Meer,
dass ich dich möchte fassen."

Das Weihnachtsgeheimnis strahlt ins Gemüt des
Menschen und damit in den innersten Dreh- und
Angelpunkt, in dem alles zusammenkommt,
Geist und Herz, Seel' und Sinn. Kein anderes Fest
hat solche Bilder des Glaubens, die uns so unmit-
telbar berühren können. Sie sprechen vom Ur-
sprung des Lebens und vom Urvertrauen in seine
Güte, sie sprechen von der Treue und Verlässlich-
keit Gottes zu uns Menschen, der sich unserer
Welt wehrlos wie ein Kind ausliefert, um uns den
Sieg der Liebe und das Vertrauen in seine Wahrheit einzuprägen. Und so erwacht der Lebens-
mut, der die Angst des Verlierens überwindet,
die Angst, verletzt zu werden durch das Leben,
und der den Mut zur Hingabe hervorbringt, den
Mut zur Liebe.
Weihnachten wird im Gemüt entschieden. Dieser
Auffassung jedenfalls waren die großen deutschen Mystiker des ausgehenden Mittelalters, die
nicht nur wesentlich zur Bildung der deutschen
Sprache, sondern auch zur Geistes-und Herzens-
bildung unseres Volkes beigetragen haben: Meis-
ter Eckart, Johann Tauler, Heinrich Seuse, aber
auch Hildegard von Bingen, Gertrud von Helfta,

Mechthild von Magdeburg ... Und auch Martin Luther ist von dieser spätmittelalterlichen Tradition geformt. „Von ganzem Gemüt und von allen deinen Kräften" Gott zu lieben, so übersetzt er das jüdische „Schma Jisrael", das „Höre Israel" in der Antwort Jesu auf die Frage nach dem wichtigsten Gebot (Mk 12,30). Weihnachten entscheidet sich im Gemüt. Das meint nicht nur Stimmung, keine gefühlsduselnde Sentimentalität, kein „Dreaming for a white christmas" und auch nicht die rein familiäre Gemütlichkeit. Weihnachten entscheidet sich im Gemüt, wie es Angelus Silesius ins Dichterwort gefasst hat: „Und wäre Christus tausendmal in Betlehem geboren, doch nicht in dir, du wärest ewiglich verloren." Das also ist entscheidend: Ob die weihnachtliche Botschaft von der Geburt des Retters im Menschen ankommt, und zwar in jener Schnittstelle zwischen der inneren Verfassung und dem Mut, nach außen zu treten und zu wirken, Werte zu empfinden und Werte zu leben, letztlich Lebenskraft in Liebe zu empfangen und Lebenskraft in Liebe zu geben. So sprechen die Mystiker nicht nur von der Geburt des Heilandes und der Fleischwerdung des Wortes in der Seele, sondern auch „im Gemüt". [...] Der Glaube gibt dem Vertrauen einen tragfähigen Grund. Er kann uns im besten Sinne gutmütig und guten Mutes machen.

Es soll um das Jahr 1420 in Köln geschehen sein. Ein Dominikanermönch sitzt schweren

Gemütes in seiner Zelle. Da erscheint ihm in einer Vision ein himmlischer Spielmann, der ihn auffordert, alle Leiden fahren zu lassen und mit ihm zu tanzen. Und der einem Engel gleichende Spielmann beginnt, eine überirdisch schöne, fröhliche Melodie anzustimmen, die den Mönch im Innersten verwandelt. Und das ist auch mein weihnachtlicher Wunsch für uns alle:

„In dulci jubilo, nun singet und seid froh:
Unsres Herzens Wonne liegt in praesepio.
Und leuchtet als die Sonne, matris in gremio.
Alpha es et O.

O Jesu parvule, nach dir ist mir so weh.
Tröst mir mein Gemüte, o puer optime,
durch alle deine Güte, o princeps gloriae.
Trahe me post te.

Ubi sunt gaudia, nirgends mehr denn da,
wo die Engel singen nova cantica
und die Zimbeln klingen in regis curia.
Eia qualia!"

Karl-Heinz Wiesemann

Weihnachtszeichen

Gott ist der Ganz-Andere
Man kann den Mann verstehen, der gesagt hat:
„Das neugeborene Kind im Futtertrog – das ist
ein Kuriosum." Wir alle könnten uns eindrucks-
vollere Zeichen vorstellen, Zeichen, die man nicht
übersehen kann, Zeichen, die jeden überzeugen,
Zeichen, die jeden Widerspruch zum Schweigen
bringen. [...] Auch zu Weihnachten lässt Gott uns
wissen: „Meine Gedanken sind nicht eure Gedanken, und eure Wege sind nicht meine Wege
... So hoch der Himmel über der Erde ist, so hoch
erhaben sind meine Wege über eure Wege und
meine Gedanken über eure Gedanken" (Jes 55,8
f.). Sein Weg zu uns ist voller Überraschungen.
Er geht ihn nicht in Macht und Herrlichkeit; „wie
ein kleiner Nomade, wie ein kleiner Flüchtling"
kommt er zu uns. Der All-mächtige erscheint als
ohnmächtiges Kind. Der, von dem alles abhängt,
gibt sich ganz in menschliche Hände, wird ganz
von ihnen abhängig. Er, den Himmel und Erde
nicht fassen, erwählt einen Stall als seine erste
Wohnung: „Der schmutzigste Ort in der Welt ist
der erste Wohnraum des einzig Reinen."

Gott ist ganz und gar Liebe
Weshalb geschieht das so? Will der Herr uns
durch ein Handeln, das uns paradox erscheint,
auf Abstand halten? Nein und abermals nein. Er

will den Abstand zwischen ihm und uns über-
winden. Mögen seine Gedanken himmelweit
über den unseren stehen, er selbst will bei uns
sein und bei uns bleiben. Er will das, weil er uns
über alles liebt. Durch das Zeichen des Wickel-
kindes in der Krippe sagt er jedem und jeder von
uns: „Ich liebe dich, ich stehe zu dir. Ich helfe dir.
Ich will mit dir durchs Leben gehen. Ich biete dir
einen einzigartigen Tausch an: Ich gebe dir mein
Leben, gib du mir dein Leben!" Das ermutigt die
Kirche, im Gabengebet der Weihnachtsmesse
Gott zu bitten, „dass wir durch den wunderbaren
Tausch deinem Sohn gleichgestaltet werden, in
dem unsere menschliche Natur mit deinem göttlichen Wesen vereint ist". So liebt die Liebe! So
ist Gott!

Wenn es gut geht, bringen wir gelegentlich die
eine oder andere Tat der Liebe fertig; Gott ist
ganz und gar immerzu Tat der Liebe. Gott ist Liebe, die sich verschenkt, Liebe, die alles gibt, was
sie hat. Ergriffen von diesem Geheimnis schreibt
Paulus den Korinthern: „Ihr wisst, was Jesus
Christus, unser Herr, in seiner Liebe getan hat:
Er, der reich war, wurde euretwegen arm, um
euch durch seine Armut reich zu machen" (2 Kor
8,9). Im Titusbrief heißt es: „Er hat sich für uns
hingegeben, um uns von aller Schuld zu erlösen
und sich ein reines Volk zu schaffen, das ihm als
sein besonderes Eigentum gehört und voll Eifer
danach strebt, das Gute zu tun" (Tit 2,14). Er will

unser Leben von Grund auf wandeln. Der Apostel spricht vom „schaffen". Der Herr will uns nicht nur Gaben seiner Liebe zukommen lassen, er will uns nicht nur seine Liebe schenken, er will uns in sein Lieben hineinnehmen. Er will, dass die Seligkeit seiner Liebe auch uns zuteilwird. Der Ganz-Andere will sich zu unserem Heil als der Ganz-Ändernde erweisen.

Gott ist der Ganz-Ändernde

Das Zeichen, das uns vom Säugling im Futtertrog gegeben wird, ist nach Gottes Willen ein wirksames Zeichen. Es soll uns nicht nur Wichtiges erkennen lassen, es soll uns bewegen; anstelle der uns lähmenden Lieblosigkeit soll uns die Liebe bewegen. Im Christkind ist uns „die Gnade Gottes erschienen, um uns von aller Schuld zu erlösen" (Tit 2,14). Die Windeln, die den Säugling fest umschließen, weisen uns darauf hin, dass der Sohn Gottes sich seiner Freiheit beraubt, um uns frei zu machen. Als unser Erlöser will er die Fesseln lösen, die uns gefangen halten. Viele Menschen finden nicht zu Gott, weil die Furcht vor ihm sie abschreckt. Das Kind in der Krippe kann sie eines Besseren belehren. Vor ihm braucht niemand Angst zu haben. Auf seine Weise sagt es aufs Neue, was die Hirten als Erstes vernommen haben: „Fürchtet euch nicht, denn ich verkünde euch eine große Freude" (Lk 2,10).

An uns ist es, diese Liebe, diese Freude mit offe-

nem Herzen aufzunehmen. Der Herr zwingt sie
uns ja nicht auf. Er will sie uns schenken. Auch
das kann uns das Zeichen bewusst machen, das
den Hirten und uns gegeben wird. Die Mutter
des Herrn muss ihr neugeborenes Kind in die
Krippe legen, „weil in der Herberge kein Platz
für sie war" (Lk 2,7). Vergeblich haben Maria
und Josef angeklopft, um Unterkunft zu finden;
vergeblich hat der Herr angeklopft, um denen zu
helfen, die ihn aufnehmen würden. In Betlehem
hat begonnen, was der Heiland immer wieder
erleben musste: „Er kam in sein Eigentum, aber
die Seinen nahmen ihn nicht auf" (Joh 1,11). Bis
zur Stunde geschieht das immer wieder.

Bis zur Stunde wird aber auch immer wieder
wahr, was der Evangelist direkt nach dieser be-
drückenden Feststellung sagt: „Allen aber, die
ihn aufnahmen, gab er Macht, Kinder Gottes
zu werden" (Joh 1,12). Der ganz-ändernde Gott
ändert das Leben derer, die ihn aufnehmen, von
Grund auf. Sie empfangen „aus seiner Fülle Gnade über Gnade" (Joh 1,16). Sie werden „aus Gott
geboren" (Joh 1,13). Sie werden in Wahrheit Kinder Gottes.

Bitten wir den Herrn, dass diese Freude allen
Menschen zuteilwird. Bitten wir ihn für uns und
für alle, die mit uns verbunden sind:

„Treuer Immanuel,
werd auch in mir nun geboren.

Komm doch, mein Heiland,
denn ohne dich bin ich verloren.
Wohne in mir,
mache mich eins nun mit dir,
der mich zum Leben erkoren."

Paul-Werner Scheele

Unser Knie
vor der Krippe Jesu zu beugen

Bischof Franz Kamphaus hat einmal gesagt: „Religiös sein heißt, Gott zu verehren, nicht Gott zu spielen." Das ist ein sehr aktuelles Wort. So sehr es heute modern wird, sich für Religion zu interessieren, so sehr wächst aber auch die Angst vor einer entschiedenen religiösen Lebensbindung. Hinter jedem Muslim etwa, der seinen Glauben ernst nimmt und ihn gar in der Öffentlichkeit praktiziert, vermutet man sofort einen Fundamentalisten, ja einen verkappten Terroristen.
Hier droht ein Missverständnis, das auch uns Christen trifft. Ja, zugegeben: Man kann Religion missbrauchen wie viele andere Dinge. Der schlimmste Missbrauch einer Religion ist der, mit ihrer Hilfe selbst Gott spielen zu wollen. Wer sein Knie vor der Krippe Jesu beugt, ist vor dieser Ge-

fahr bewahrt. Er tut etwas, was ihn selbst groß
macht. Er verehrt demütig den, der selbst demütig sein wollte. Wer sich Gott anvertraut, der sich
in dem gewaltfreien Menschen Jesus offenbart
hat, dem Abbild der göttlichen Gewaltfreiheit, der
zeigt an, dass er Weihnachten verstanden hat.
Leider gibt es Anzeichen dafür, dass in unserer
Gesellschaft Gewalt mehr und mehr stillschwei-
gend akzeptiert wird. Zumindest scheinen die
Hemmschwellen für Gewaltanwendung niedriger
zu werden. Wer selbst einmal Opfer von Gewalt
wurde, verbindet damit schlimme Erfahrungen.
Kinder etwa, die dies in der eigenen Familie er-
lebten, sind oft für ihr ganzes Leben gezeichnet.
Weihnachten, richtig gefeiert, könnte helfen, dass
es in unserer Gesellschaft weniger gewalttätig zugeht. Das ist meine Bitte an alle Menschen guten
Willens: Gewalt sollte immer mehr gesellschaft-
lich geächtet werden. Weihnachten mit Herz und
Verstand zu feiern ist ein guter Beitrag dazu. Schä-
men wir uns also nicht, unser Knie vor der Krippe
Jesu zu beugen. Dieser Kniefall hilft uns allen auf.

Joachim Wanke

Weihnachten bewahren

Es gibt etwas Besseres, als den Weihnachtstag zu feiern, nämlich Weihnachten zu bewahren.

Bist du bereit
zu vergessen, was du für andere getan hast, und dich daran zu erinnern, was andere für dich getan haben;
zu ignorieren, was die Welt dir schuldet, und zu bedenken, was du der Welt schuldest;
deine Pflichten wichtiger zu nehmen als deine Rechte, aber mehr noch deine Möglichkeiten, mehr zu tun als deine Pflicht;
zu sehen, dass deine Mitmenschen genauso wirklich sind wie du, und zu versuchen, hinter ihre Gesichter in ihre Herzen zu schauen, die nach Freude hungern;
zuzugeben, dass der einzig gute Grund für deine Existenz wohl nicht darin besteht, aus dem Leben viel herauszuholen, sondern dem Leben etwas zu geben;
dein Beschwerdebuch gegen die Leistungen des Universums zu schließen und dich nach einem Ort umzusehen, an dem du ein paar Samen des Glücks säen kannst?

Bist du bereit, diese Dinge auch nur für einen Tag zu tun?
Dann kannst du Weihnachten bewahren.

Bist du bereit,
dich niederzubeugen und auf die Bedürfnisse
und Wünsche kleiner Kinder einzugehen;
dich an die Schwäche und Einsamkeit der Menschen zu erinnern, die alt werden;
aufzuhören zu fragen, wie sehr deine Freunde
dich lieben, und dich selbst zu fragen, ob du sie
genug liebst;
dich an die Dinge zu erinnern, die andere Menschen in ihren Herzen tragen müssen;
zu versuchen zu verstehen, was diejenigen, die
mit dir im selben Haushalt leben, wirklich wollen, ohne darauf zu warten, dass sie es dir sagen;
deine Lampe so zu richten, dass sie mehr Licht
und weniger Rauch gibt, und sie vor dir zu tragen, damit dein Schatten hinter dich fällt;
ein Grab für deine hässlichen Gedanken zu
schaffen und einen Garten für deine freundlichen Gefühle mit einem offenem Tor?

Bist du bereit, diese Dinge auch nur für einen
Tag zu tun?
Dann kannst du Weihnachten bewahren.

Bist du bereit zu glauben,
dass Liebe die stärkste Sache der Welt ist − stärker als Hass, stärker als das Böse, stärker als der
Tod −
und dass das gesegnete Leben, das vor neun-
zehnhundert Jahren in Betlehem begann, das

Bild und der Glanz der ewigen Liebe ist?

Dann kannst du Weihnachten bewahren.

Und wenn du es einen Tag lang bewahren kannst,
warum nicht immer?
Aber: Du kannst es nicht allein bewahren.

Henry van Dyke

Lob der kleinen Schritte

Was ist das: der kleine Schritt? Ein Schritt,
den jeder gehen kann, denn es ist der eigentlich menschliche, dem Menschen eingeborene
Schritt; ein Schritt, der ihm zukommt, der von
ihm erwartet werden darf; ein Schritt, der seine
Kraft nicht übersteigt, aber sie wachsen lässt;
ein Schritt der Füße, doch ebenso ein solcher
des Herzens und der Vernunft; ein Schritt, der
nicht vom Geldbeutel abhängt, nicht vom Beruf,
nicht von Ruhm oder Schönheit, erst recht nicht
von Ideologie oder Mode, nicht von Partei- und
Kirchenzugehörigkeit, nicht mal von Laune oder
Neigung − kurz, ein möglicher, ein leicht zu voll-
bringender Schritt und ein schwieriger Schritt
zugleich.

Schwierig und leicht zugleich? Oh, man soll den kleinen Schritt nicht unterschätzen. Nicht den Mut, den er erfordert, noch die Kraft, die er entwickeln kann. Ist es nicht leicht, ein Wort über den Zaun zu sagen, sooft der Nachbar Sorgen hat? Schwer aber, wenn er das Mitgefühl oder die Hilfe zurückweist? Schwer immer, wenn der erste Schritt nicht ausreicht, wenn ein zweiter oder ein zehnter Schritt nötig wird? Erst recht schwer, wo Zuwendung von Aufdringlichkeit, Takt von Ungeschick unterschieden werden muss? Besonders schwer aber, wenn er, der Kleine, der Friedenswillige, in die Politik eingreift und, statt gehört zu werden, sich als Kompromissler verkannt sieht? Ist es nicht so, dass gerade die Mächtigen ihn, den Schlichter und Ausräumer der Zwiste, nicht zulassen? Wenn es um wichtige Entscheidungen, um Krieg oder Frieden geht? Bevorzugen sie nicht oft genug die großen, die riskanten, die verderbenbringenden Schritte? Was heißt überhaupt groß oder klein? Erinnern wir uns des bekannten Wortes von Stifter, der in der Vorrede zu den „Bunten Steinen" schreibt: „Ein ganzes Leben voll Gerechtigkeit, Einfachheit, Bezwingung seiner selbst, Verstandesmäßigkeit, Wirksamkeit in seinem Kreise, Bewunderung des Schönen, verbunden mit einem heiteren gelassenen Sterben halte ich für groß; mächtige Bewegungen des Gemütes, furchtbar einherrollender Zorn, die Begier nach Rache, den entzündeten

Geist, der nach Tätigkeit strebt, umreißt, zerstört und in der Erregung oft das eigene Leben hinwirft, halte ich nicht für größer, sondern für kleiner, da diese Dinge so gut nur Hervorbringungen einzelner und einseitiger Kräfte sind wie Sturm, feuerspeiende Berge, Erdbeben. Wir wollen das sanfte Gesetz zu erblicken suchen, wodurch das menschliche Geschlecht geleitet wird."

Hier also soll [...] ein Wort eingelegt werden für die Unscheinbarkeit der kleinen Schritte, für ihr sanftes Gesetz und die behutsame Art, es zur Geltung zu bringen. Ein Wort über den Zaun; ein Klopfen an die Tür, damit sie sich öffnet; eine ausgestreckte, eine nicht zurückgezogene Hand; ein Erschrecken über sich selbst; ein rasches Zupacken; eine unvergoltene Mühe, auch eine vergebliche; ein Umdrehen des Fernglases, damit aus Groß Klein wird und aus Klein Groß; ein Blick durch den Tunnel; ein Zögern vor dem zornigen Wort − mehr ist es nicht, was wir von den geringen Schritten erwarten dürfen. Aber vielleicht bringen sie uns ein winziges Stück voran, vielleicht auch ein Stück näher zu uns selbst, im Haus, im Beruf, im Staat, im Zusammenleben der Völker. Denn wo kleine Schritte noch möglich sind, da ist gute Aussicht: Aussicht auf Veränderung.

Rudolf Otto Wiemer

Neujahr:
Frieden empfangen und
weitergeben

Friedenswunsch

Den tiefen Frieden im Rauschen der Wellen
wünsche ich dir.
Den tiefen Frieden im schmeichelnden Wind
wünsche ich dir.
Den tiefen Frieden über dem stillen Land
wünsche ich dir.
Den tiefen Frieden unter den leuchtenden
Sternen wünsche ich dir.
Den tiefen Frieden vom Sohne des Friedens
wünsche ich dir.

Irischer Segenswunsch

Bewahrt

So eilten die Hirten nach Betlehem und fanden Maria und Josef und das Kind, das in der
Krippe lag.

Als sie es sahen, erzählten sie von dem Wort, das ihnen über dieses Kind gesagt worden war. Und alle, die es hörten, staunten über das, was ihnen von den Hirten erzählt wurde. Maria aber bewahrte alle diese Worte und erwog sie in ihrem Herzen.
Die Hirten kehrten zurück, rühmten Gott und priesen ihn für alles, was sie gehört und gesehen hatten, so wie es ihnen gesagt worden war. Als acht Tage vorüber waren und das Kind beschnitten werden sollte, gab man ihm den Namen Jesus, den der Engel genannt hatte, bevor das Kind im Mutterleib empfangen war.

Lukas 2,16–21

Ein neues Jahr

Rückblick – Vorausschau
An Neujahr feiern wir gemeinsam Geburtstag, unser gemeinsames Geborenwerden in ein neues Jahr hinein. Frühjahr, Sommer, Herbst und Winter [...], zwölf Monate, 365 Tage, verabschieden wir, um uns dem Geschenk eines neuen Jahres zuzuwenden. Dabei ist es sicher nicht so, dass wir [das alte Jahr] wie ein altmodisch gewordenes Kleidungsstück abstreifen, um es in

die Ecke zu werfen oder zur Altkleidersammlung
zu geben. Das Jahr gehört zu uns, es lebt in uns
weiter mit all den Erfahrungen, die es für uns be-
reithielt, den guten und schlechten, den erfreu-
lichen und traurigen.

Auch im [neuen] Jahr werden wir viele Erfahrungen machen können. Manche überraschend,
manche vorhersehbar, Zeichen der Liebe und
Zeichen der Feindschaft, manches wird uns zufrieden stimmen, anderes aufregen, manches
wird uns gelingen, anderes misslingen.

Mit welcher Stimmung gehen Sie ins neue Jahr?
Sagen Sie sich vielleicht: „Neues oder altes Jahr,
es geht ja doch so weiter wie bisher"? Erschreckt
Sie womöglich das neue Jahr, weil es Ihnen deutlich macht, wie die Zeit verrinnt? Haben Sie
Angst davor, was Ihnen dieses Jahr bringt oder
dass Sie wieder älter werden? Oder sind Sie gespannt auf die Erfahrungen, die Ihnen die nächsten 365 Tage bieten werden? Sind Sie neugierig
auf neue Möglichkeiten, die sich auftun werden?
Auf Begegnungen mit Menschen, die Sie kennenlernen werden? Sind Sie gespannt darauf, was
Gott in dem vor uns liegenden Jahr wirken wird?

Wie Maria
Wer könnte uns besser in einer positiven Ein-
stellung für das kommende Jahr unterstützen als
die Frau, die nicht nur ihr nächstes Jahr in Gottes
Hand gelegt hat, sondern ihr ganzes Leben. Mit

allen Jahren ihres Lebens hat sie sich dem anvertraut, von dem sie zutiefst überzeugt war, dass
er sie zur Fülle des Lebens führt. Auch wenn
das manchen Schmerz und manche Unbequem-
lichkeit mit einschloss. Elisabet sagte über ihre
Cousine Maria: „Selig ist die, die geglaubt hat,
dass sich erfüllt, was der Herr ihr sagen ließ"
(Lk 1,45). Und Maria selbst singt in dem Lied,
das durch ihr ganzes Leben klingt, auch durch
die schweren Zeiten hindurch: „O, wie ich den
Herrn preise. Wie ich mich über Gott, meinen
Retter, freue! Denn er schenkte seiner Dienerin
Beachtung, und nun wird eine Generation nach
der anderen mich glücklich schätzen" (Neues-Le-
ben-Übersetzung).
Maria lädt auch uns an diesem ersten Tag des
neuen Jahres dazu ein, es ihr gleichzutun, nämlich dieses anbrechende Jahr und vielleicht sogar
alle Jahre, die uns geschenkt werden, in Gottes
Hände zu legen in dem Vertrauen, dass er uns
reich macht. Nicht an materiellen und vergäng-
lichen Dingen, sondern an inneren Erfahrungen,
an Freude und Einsicht in die Geheimnisse des
Lebens. Es wird nicht immer der leichte und ge-
fällige Weg sein, den er uns führt. Aber es ist der
Weg, der uns befähigen wird, mehr und mehr
seine Liebe zu erfassen, in uns zu tragen und
auszuteilen.

Wie die Hirten

Vielleicht ergeht es uns da wie den Hirten im
Evangelium. Ihnen wurde verheißen, dass der
Retter geboren ist, der das ganze Land befreien
würde. Offensichtlich trauten sie der Verheißung
nicht ganz. Sie mussten misstrauisch geworden
sein, weil ihnen immer wieder ein besseres Leben versprochen wurde, was sich aber nie ver-
wirklichte. Sie hatten also Zweifel: „Sollte das
wahr sein?" „Warum sollten die Engel mit einer
solch großen Botschaft gerade zu uns kommen,
zu einfachen Leuten?" Und dennoch machten sie
sich auf den Weg. Sie mussten schon ein wenig
suchen, um zu entdecken, wo die Verheißung
mit der Wirklichkeit zusammenpasste. Als sie
den Ort fanden, gaben sie Zeugnis von der Verheißung, welche Gott ihnen gegeben hatte. Die
Leute konnten nur noch staunen. So kehrten sie
beschenkt und voller Dankbarkeit zurück, denn
Gott hatte Wort gehalten. So wurden auch sie
selig, weil sie geglaubt hatten, dass sich erfüllt,
was der Herr ihnen sagen ließ.

Auch über unserem Jahr liegt eine Verheißung,
nämlich dass der Herr Jesus Christus dort auf
uns wartet und Segen schenken möchte. Sind Sie
demgegenüber vielleicht auch misstrauisch wie
die Hirten, so wagen Sie doch mit ihnen die Reise durch die kommenden 365 Tage. Entdecken
Sie mit ihnen, wo Christus vielleicht in ganz un-
scheinbaren oder gar ärmlichen Verhältnissen

auf Sie wartet. So werden auch Sie glücklich werden können, wenn Sie erfahren, dass sich erfüllt, was der Herr Ihnen verheißen hat.

Neujahrswunsch
So wünsche ich Ihnen nicht nur Gesundheit, sondern dass Sie sowohl mit Gesundheit wie auch mit Krankheit gut umgehen können, damit Ihr Vertrauen in das Leben wächst, das er in seinen Händen hält.
So wünsche ich Ihnen nicht nur Glück, sondern dass Sie sowohl im Glück wie auch im augenscheinlichen Unglück den Blick auf den bewahren können, der Sie zu reiferem und vollerem Leben führen möchte, auch wenn er Ihnen dazu manchmal holprige und dunkle Wege zumutet.
So wünsche ich Ihnen nicht nur Freude, sondern dass Sie sowohl in Freude wie auch in Schmerz und Leid an dem festhalten können, der uns mit allem, was uns ausmacht, viel besser kennt, als wir denken, und dass auf diese Weise Ihr Glaube an Gott geheiligt werde.

Thomas Heck

Frieden – der Weg der Versöhnung

Die Bibel ruft – besonders durch das Wort der Propheten – die Gewissen und die Völker zum Bund Gottes mit den Menschen. Es geht darum, den Wunsch aufzugeben, über die anderen zu herrschen, und zu lernen, einander als Menschen, als Kinder Gottes, als Brüder und Schwestern anzusehen. Der andere darf niemals auf das reduziert werden, was er sagen oder machen konnte, sondern muss im Hinblick auf die Verheißung, die er in sich trägt, geachtet werden. Nur wenn der Weg der Achtung gewählt wird, kann man die Spirale der Rache aufbrechen und den Weg der Hoffnung beschreiten.

Hier leitet uns der Abschnitt aus dem Evangelium, der das folgende Gespräch zwischen Petrus und Jesus wiedergibt: „Herr, wie oft muss ich meinem Bruder vergeben, wenn er gegen mich sündigt? Bis zu siebenmal?' Jesus sagte zu ihm: ‚Ich sage dir nicht: Bis zu siebenmal, sondern bis zu siebzigmal siebenmal'" (Mt 18,21–22). Dieser Weg der Versöhnung ruft uns auf, tief in unserem Herzen die Kraft zur Vergebung zu finden sowie die Fähigkeit, uns als Brüder und Schwestern zu erkennen. Wenn wir in der Vergebung zu leben lernen, dann wächst unsere Fähigkeit, Frauen und Männer des Friedens zu werden.

Was für den Frieden im sozialen Bereich zutrifft, das stimmt auch im politischen und wirtschaftlichen Bereich, weil die Frage des Friedens alle Dimensionen des gemeinschaftlichen Lebens durchdringt: Es wird nie einen wahren Frieden geben, wenn wir nicht in der Lage sind, ein gerechteres Wirtschaftssystem aufzubauen. So schrieb vor zehn Jahren Benedikt XVI. in der Enzyklika „Caritas in veritate": „Die Überwindung der Unterentwicklung erfordert ein Eingreifen nicht nur zur Verbesserung der auf Gütertausch beruhenden Transaktionen, nicht nur im Bereich der Leistungen der öffentlichen Hilfseinrichtungen, sondern vor allem eine fortschreitende Offenheit auf weltweiter Ebene für wirtschaftliche Tätigkeiten, die sich durch einen Anteil von Unentgeltlichkeit und Gemeinschaft auszeichnen" (Nr. 39). [...]

Der Weg der Versöhnung erfordert Geduld und Vertrauen. Man erhält keinen Frieden, wenn man ihn nicht erhofft. Es geht vor allem darum, an die Möglichkeit des Friedens zu glauben, zu glauben, dass der andere ebenso wie wir Frieden braucht. Darin kann uns die Liebe Gottes zu einem jeden von uns inspirieren, die eine befreiende, uneingeschränkte, unentgeltliche und unermüdliche Liebe ist. [...]

Möge der Gott des Friedens uns segnen und uns zu Hilfe kommen.
Möge Maria, die Mutter des Friedensfürsten und die Mutter aller Völker der Erde, uns Schritt für

Schritt auf dem Weg der Versöhnung begleiten
und unterstützen.
Möge jeder Mensch in dieser Welt ein friedliches
Dasein finden und die Verheißung von Liebe und
Leben, die er in sich trägt, vollkommen entfalten.

Papst Franziskus

Nicht Worte, sondern Leben

Segen –
in einer Kirche des „Wortes"
scheint er senkrecht vom Himmel zu kommen,
direkt in unsere Gedanken und in unser Herz,
als Segens-Wort.

Menschen, die mit ihrem ganzen Leben glauben,
mit Leib und Seele und mit Haut und Haar,
spüren ihn vielmehr auf
in allen Dingen, zwischen ihnen
und dann auch über alles hinaus:

Er ist im Frieden über dem weiten Land
und im sanft schmeichelnden Wind
und ist doch der Friede,
mit dem auch Christus uns segnet,
uns wärmt und löst für die Zuneigung zu ihm.

Der Fremde an meinem Tisch
und die Lerche über dem Dach,
alles, was mein Auge sieht,
und die Art, wie meine Augen es sehen –
ich bin von Segen umgeben,
ob ich es weiß oder nicht.

Und ich bitte Gott, dass ich es spüre,
wenn ich sage: Gott segne mich!

Manfred Wester

Das neue Jahr ist einmalig

Viele gute Wünsche gehen in diesen Tagen von
Mensch zu Mensch. – Und es ist, so meine ich,
für unser Leben aufbauend und wertvoll, dass es
diese Zeiten gibt, in denen sich Menschen ganz
bewusst „alles Gute" wünschen; auch wenn dieser Wunsch manches Mal eher wie eine Floskel
wirkt, ist doch dieses gesprochene Wort ein An-
stoß, es im Herzen mitzuvollziehen.
Und wenn so viele Menschen einander vom Herzen alles Gute wünschen, müsste es eigentlich
auf unserer Welt, in unserem Land, in unseren
Pfarreien, in unseren Arbeitsstätten und Schu-
len, in der Kirche und in den Familien im kom-

menden Jahr herzlicher, gütiger, verständnisvoller – ja menschlicher – das heißt wie Gott den Menschen schuf – zugehen.

Das kommende Jahr wird auch für jeden von uns frohe und glückliche Stunden bringen, die das Licht der Ewigkeit widerspiegeln. Viele solcher Zeiten wünsche ich uns allen aus ganzem Herzen. Sie geben uns die Kraft, die Botschaft unseres Glaubens auch zu erfahren und zu begreifen: „Du bist geliebt." Das kann alles verändern, weil ich weiß: Ich bin angenommen, darf so sein, wie ich bin. Ich werde geliebt und kann dadurch auch andere lieben.

Ich wünsche dir im neuen Jahr und an jedem Tag deines Lebens ein paar Sonnenstrahlen,
die dein Herz erwärmen,
und alles in dir zum Blühen bringen.

Ich wünsche dir im neuen Jahr und an jedem Tag deines Lebens ein paar Regentropfen,
die sich vorwitzig auf deine Nase setzen
und dich als Mensch erfahren lassen.

Ich wünsche dir im neuen Jahr und an jedem Tag deines Lebens ein paar Wolken und Nebel, die bildhaft zeigen, dass es unendlich *mehr* gibt,
als in Raum und Zeit begreifbar ist.

Ich wünsche dir im neuen Jahr und an jedem
Tag deines Lebens ein bisschen Wind – aber
keine Zugluft – sondern vielmehr einen göttlichen Geist der Frische,
der dir Flügel verleiht und Neues wagen lässt.

Christa Carina Kokol

„Die reinen Herzens sind ..."

Es gibt einen wunderschönen Psalm auf die Größe
der Schöpfung: Er beginnt mit den Worten „Herr,
unser Herrscher, wie gewaltig ist dein Name auf
der ganzen Erde; über den Himmel breitest du deine Hoheit aus" und geht dann so weiter: „Aus dem
Mund der Unmündigen, der Kinder und Säuglinge,
bereitest du dir Lob, deinen Gegnern zum Trotz ..."
(Ps 8,1-3).
An diesen Vers hat Jesus vielleicht gedacht, als er
über die Erfolge seiner Predigt nachdachte. Von
den „Weisen und Klugen" konnte er nur wenige
gewinnen, das heißt einerseits von den raffinierten
Spezialisten der Macht, die wissen, wie man die
Dinge anpacken muss, und andererseits von den
selbstsicheren Spezialisten des religiösen Wissens,
die damals die Schriftgelehrten waren. Das hätte
an sich auch gegen ihn sprechen können; das hätte
ihn selbst verunsichern können; das hätte ihn be-

drücken können. Es ist aber das Gegenteil der Fall. Er ist nicht abhängig vom Echo dieser Leute. Er ist damit einverstanden, ja er preist Gott sogar dafür, dass er „all das" den Weisen und Klugen verborgen, den „Unmündigen" aber offenbart hat.

Wie soll man das verstehen? Hat Gott etwas gegen die Intelligenten? Sicher nicht. Denn die menschliche Vernunft ist eine der wertvollsten Gaben. Sie ist wie ein Licht, das unser Leben erhellt. Sie ist wie ein Netz, das wir auswerfen, sodass wir alle Dinge in unser Erkennen hineinziehen können. Damit bringen wir in gewisser Hinsicht alles unter uns, auch jene Kräfte, die uns zuerst beherrscht haben. Die Vernunft ist eine Gabe Gottes an alle Menschen. Aber sie ist nicht gleichmäßig verteilt: Einige sind intelligenter als andere. Und hier beginnt ein Problem: Gottes Gaben sind ungleichmäßig verteilt, aber sie sind gegeben zum Nutzen aller. Viele aber meinen, die Gaben seien allein zu ihrem Nutzen gegeben. Viele Intellektuelle sind stolz auf ihr Wissen, das ihnen eine Überlegenheit über die Mitmenschen verschafft. Hier beginnen sie, sich selbst im Netz ihres Wissensstolzes zu verfangen. Weil sie nicht merken, wie viel sie nicht wissen, und weil sie nicht demütig erfassen, dass ihnen ihre Begabung gratis geschenkt worden ist, werden sie dumm das heißt durch ihr Wissen hochmütig. Damit aber verliert ihr Herz seine ursprüngliche Kindlichkeit, und damit schließt es sich ab gegen den Vater, den Ursprung aller Gaben. Wenn also ein Wissenschaftler hochmütig wird, ist das sachwidrig und eigentlich lächerlich. Wenn aber ein Gottesgelehrter wissenschaftsgläubig und hochmütig wird, dann ist das schlimm. Denn so einer verbaut sich den Zugang zum Geheimnis des Reiches Gottes, und er kann ihn auch nicht anderen vermitteln.

Den „Unmündigen" aber, das heißt denjenigen, die selbst keine Stimme haben, die sie in der Öffentlichkeit erheben können, denen hat Gott ein gewisses Verständnis davon erschlossen, was Jesus „das Reich Gottes" nennt. Es sind die Fischer vom See Gennesaret und die Bauern und Handwerker der Umgebung, allesamt einfache Leute. Sie öffneten ihr Ohr für die so schlichten und so tiefen Gleichnisreden, die ihnen Jesus vorgelegt hat, er, der ja selbst einer von ihnen war, als Zimmermann aus Nazaret. Erst viel später, nach Ostern, stießen dann auch einige Gebildete zum Kreis der Jünger, und so durch die Jahrhunderte. Heute geht es nicht anders, als dass die leitenden Personen in der Kirche gut studiert haben und etwas von Strukturen verstehen. Aber den Kern der Kirche bilden bis heute die Menschen, die einfach und in ihrem Herzen schlicht geblieben sind, ob sie nun studiert haben oder nicht. Denn das Gesetz, dass nur die „reinen Herzens Gott sehen" (Mt 5,8), kennt keine Ausnahme.

Gerd Haeffner SJ

Epiphanie:
Dem Stern folgen

weihnachtswunsch

in deinem armen herz
eine schlichte krippe aufstellen
ein wenig frisches stroh
umgeben von dummen ideen
und murrender sturheit
nebst ihren beharrlichen hütern

wenn es nacht ist und still
wird christus geboren in dir

dein horizont weitet sich
unter dem licht des sterns
und engel auf singendem feld
verheißen frieden
und später vielleicht
folgen drei weise aus deinem kopf
und bringen ihre gaben

Petra Ng'uni

Ihr habt gehört ...

Ihr habt doch gehört, welches Amt die Gnade
Gottes mir für euch verliehen hat. Durch eine Offenbarung wurde mir das Geheimnis kundgetan.
Den Menschen früherer Generationen wurde es
nicht kundgetan, jetzt aber ist es seinen heiligen
Aposteln und Propheten durch den Geist offenbart worden: dass nämlich die Heiden Miterben
sind, zu demselben Leib gehören und mit teilha-
ben an der Verheißung in Christus Jesus durch
das Evangelium.

Epheser 3,2−3a.5−6

Die Erfahrung der Sterndeuter

„Binde deinen Karren an einen Stern", das soll
der Künstler und Universalgelehrte Leonardo da
Vinci (1452−1519) einem Zeitgenossen geraten
haben. Den Karren des eigenen Lebens an einen
Stern zu binden − das heißt wohl, sich von einer
Kraft ziehen zu lassen, die nicht von dieser Welt
ist. Wenn wir das tun, dann hat unser Leben eine
Orientierung, die stärker ist als alle Stimmungen
und Launen und alles, was uns sonst noch beeinflusst. Unserem Leben ist dann ein Sinn gegeben,

und wir dürfen auf Glück und Vollendung hoffen. Die Sterndeuter aus dem Osten, die aus dem elfenbeinernen Turm ihrer Gelehrsamkeit aufgebrochen sind, um in die Ferne zu ziehen und den neugeborenen König der Juden zu suchen, haben ihren Karren an einen Stern gebunden. Es war dieser Stern, der ihnen den Mut zum Aufbruch gegeben hat. Und er war es auch, der ihnen den Weg gewiesen und sie geführt hat, bis sie an ihrem Ziel waren: beim göttlichen Kind im Stall von Betlehem.

Dem Stern folgen heißt auch: der eigenen Sehnsucht vertrauen und beharrlich weitergehen, selbst wenn sich Hindernisse in den Weg stellen. „Alles beginnt mit der Sehnsucht", so hat die Dichterin Nelly Sachs (1891–1970) einmal formuliert. Und sich an Gott wendend, sagt sie: „So lass nun unsere Sehnsucht damit anfangen, dich zu suchen, und lass sie damit enden, dich gefunden zu haben." Genau das war die Erfahrung der Sterndeuter.

Martin Leitgöb

Der wahre Stern des Lebens

Die Weisen aus dem Morgenland, diese großen Pilger auf der Suche nach dem Angesicht Gottes, stehen vor uns als Wegweiser, als Pilgerführer wie auch als Bilder unseres Lebens, denn wir alle sind auf der Suche nach dem wahren Stern, sind Wandernde, die in ihrem Leben nicht im Kreis gehen, sondern den rechten Weg und das rechte Ziel finden wollen. Die neue Bibelübersetzung nennt die Weisen „Sterndeuter": Sie haben den wahren Stern gefunden, der sie auf den Weg des Lebens führte. Sterndeuter können und wollen wir nicht sein im Sinn der Astrologie, des immerwährenden und vergeblichen Versuchs, aus dem unabänderlichen Lauf der Gestirne Orakel für den Lauf unseres Lebens abzulesen. Und Sterndeuter wollen wir auch nicht sein im Sinn der Astronomie, die eine möglichst genaue Karte des Weltalls zu entwerfen versucht, diese unermesslichen Kontinente aufspürt und nachzeichnet, ihre Beschaffenheit und ihren Lauf wie vielleicht auch ihre Herkunft und Zukunft kennen möchte. Um anderes geht es: darum, die Sternbilder der Geschichte, das Sternbild unseres Lebens zu entschlüsseln. Vielfältige Sterne bieten sich dem Menschen als Wegweiser an – Stars, die ihm das geglückte Leben versinnbilden sollen, Hoffnungen und Angebote: Besitz, Ansehen, Einfluss. All dies ist nichts Negatives, aber den

Weg des Lebens zeigt es nicht. Du hast im Aufgehen dcs Lebens den wahren Stern freudig ent-
deckt – Christus, das Licht, das uns vorangeht,
Weg und Ziel zugleich. Es ist wichtig, den Stern
zu sehen und sich von ihm auf den Weg bringen
zu lassen, nicht nur um ihm selber nachzugehen,
sondern um anderen die Sternbilder des Lebens
zu enträtseln und ihnen zu helfen, dass sie den
finden, der in der Schöpfung, im Wort Gottes, im
Sakrament, im Zeugnis gelebten Glaubens uns
aufleuchtet, uns vorangeht und uns zum großen
Aufbruch, zur Wanderschaft auf das wahre Ziel
hin einlädt: das wirkliche Leben, die große Liebe,
die bleibende Freundschaft, das unverlierbare Zu-
hause. Wenn wir im Evangelium die Geschichte
von den Weisen aufmerksam lesen, können wir
drei Phasen ihres Weges unterscheiden. Da ist
zunächst das Angerührtsein vom Stern und der
große freudige Aufbruch. Aber dann kommt die
Phase der Verdunklung, das Erlöschen des Sterns,
die Ratlosigkeit und die Furcht vor dem Umsonst.
Die Augenblicke des Dunkels, das Erlöschen der
Sterne oder doch ihr Sich-Verbergen – das gehört
in jedes Leben hinein. In den Jahren nach dem
Krieg und während des Konzils war die große
Freude des Aufbruchs da. Alles schien offen und
voller Verheißung. Aber dann kam das Erlöschen
der Sterne, und viele sind weggegangen, weil sie
glaubten, der Stern könne nicht wiederkommen
und ihr Weg sei ins Leere gelaufen. Niemandem

bleiben die Stunden des Dunkels erspart, der Herr
schickt sie, damit unsere Sehnsucht wächst, damit
wir Geduld erlernen, damit wir die Beharrlichkeit
finden, die ihn nicht los-lässt: Ich lasse dich nicht,
du segnest mich denn. Ich glaube, wir müssen
diese Geduld des Wartens, des Aushaltens, das
demütige und beharrliche Klopfen an die Tür des
schweigenden Gottes ganz neu erlernen; die Bibel ist voll davon. Erst so werden wir geformt, erst
dieser innere Weg wird wahre Wanderschaft, Auf-
stieg zu den Höhen des Ewigen.

Die dritte Phase in der Geschichte der Weisen ist
das Finden. Sie finden das Kind und seine Mutter,
und sie beten es an. Dieses Finden ist kein Ende,
sondern neuer Beginn. Wie anders war dieses Finden, als sie es sich in der Stunde des Aufbruchs
vorgestellt hatten! Wie armselig! Lohnte es den
schweren Weg? Ja. Gerade im völlig Anderen erkannten sie das wahrhaft Große, das mehr ist als
der Prunk menschlichen Reichtums und menschlicher Macht. Sie erkannten das Angesicht Gottes.
Dieses Finden, gerade in seiner Armseligkeit, war
Umwandlung ihres Seins. Sie werden demütig,
werden liebend, wer-den frei und neu. Sie gehen
zurück, aber ihr Weg ist anders, und sie selbst
sind anders geworden. So ist es mit allem Finden,
das wirklich von Gott kommt. Er ist immer ganz
anders als unsere Vorstellungen. Und gerade so
verwandelt er uns selbst. Das Zeichen des wahren
Findens ist die innere Freude, ist die Demut, die

aufbricht, die Liebe, die nun großzügig schenken kann und nicht mehr nach sich umschaut, die Umwandlung unseres Weges und unseres Lebens. Das Finden ist Anbetung, Sich-Hinwerfen vor Gott und Frohwerden ob seiner großen Herrlichkeit, die uns frei macht von dem ängstlichen Suchen nach unserer eigenen Herrlichkeit. Die ganze Ewigkeit wird ein solches Finden sein, das immer neu und immer größer ist und uns immer tiefer in Ihn hineinsinken lässt, selbstvergessen und froh ob der Herrlichkeit Gottes.

Joseph Kardinal Ratzinger (Benedikt XVI.)

Star und Sternchen

Die Heiligen Drei Könige. Nur zu gut kennen wir die Geschichte. Schön und lieblich ist die Erzählung von diesen Königen – und alt. So bekannt und so alt, dass es beim Vorlesen schwerfällt, noch zuzuhören.
Bei genauerem Hinhören klingt diese Perikope aber ziemlich modern. Von wem ist da eigentlich die Rede?
Zunächst einmal von Sterndeutern, von Heiden. Im Griechischen steht hier: Magier. Diese Sterndeuter sind hinter dem Stern her. Sie jagen ihm

nach – ihrem Stern, oder wie es im Englischen
heißt: ihrem „star". Dieses Wort klingt bekannt.
Es ist uns von den Sportlern und Musikidolen bekannt. Jede Mannschaft hat sie heute, die Stars.
Hübsch sollen sie sein, jung und interessant. Dafür werden sie dann auch gut bezahlt – die Stars.

Zwischenstation
Doch einem ganz anderen Stern jagen die Sterndeuter nach. Sie haben diesen Stern aufgehen
sehen und ziehen hinter ihm her. Zunächst lan-
den sie nur bei einer Zwischenstation – bei Herodes, dem König der Juden. Er wäre ein König.
Aber diesen König haben die Sterndeuter nicht
gesucht. Wie wir wissen, war Herodes besonders
machthungrig und grausam. Sogar einige seiner
eigenen Söhne hat er seiner Machtgier geopfert.
Herodes glaubt, selbst der gesuchte Stern zu
sein. Auf seinen Münzen hat er nämlich als Zeichen seiner Größe einen Stern abbilden lassen.
Er wollte der Star des Volkes sein. Deshalb zuckt
es in seinen Gliedern, wenn er jetzt von einem
neugeborenen König, einem neuen „Star" hört.
Sofort lässt er die einflussreichen Hohepriester
und die Schriftgelehrten – gleichsam als seine
Manager – zusammenkommen. Die Hohepriester waren für den Tempel, also den Opferkult,
zuständig. Und die Schriftgelehrten waren die
Spezialisten in der Bibelauslegung. Tatsächlich:
Herodes hat Erfolg. Die Ratgeber können ihm

den gesuchten Geburtsort nennen: Betlehem.
Doch was tun mit diesem Wissen? Herodes lässt
die Sterndeuter zu sich rufen und erkundigt sich
nun näher nach dem neuen „Star". Wann ist er
erschienen? Erst dann schickt er die Suchen-
den nach Betlehem, der Stadt des großen David.
„Auch ich will diesem neuen Star huldigen", sagt
Herodes. Schließlich ist die Huldigung die ge-
forderte Haltung vor einem Herrscher. Vor wem
sonst sollte man die Knie beugen? Aber bei Herodes bleibt es rein beim Versprechen. Er zieht
– genauso wie die Hohepriester und Schriftgelehrten – aus dem Wissen keine Konsequenzen;
Theorie: ausgezeichnet – Praxis: nicht genügend.

Stern und das Kind

Ganz anders reagieren die Sterndeuter. Sie hören zwar auf Herodes, folgen aber weiterhin ihrem Stern. Dieser Stern führt sie zum Ziel. Der
Stern identifiziert sich mit dem Kind. Der Stern
ist nicht nur ein Zeichen für den Messias. Er ist
selbst der Messias, wie es in einer jüdischen
Schriftauslegung heißt. Auch in einem der letzten Verse der Bibel ist davon die Rede, dass Jesus
selbst der strahlende Morgenstern ist (wörtlich:
„der Stern, der glänzende, der morgendliche";
Offb 22,16b).
Der Anblick des gesuchten „Stars" erfüllt die Magier mit großer Freude. Wie einen großen Herrscher behandeln sie ihn. Sie fallen vor ihm auf

die Knie und huldigen ihm. Ja, sie bringen ihm sogar ihre wertvollen Schätze dar. Obwohl dieses Kind gleichsam zu einer anderen Mannschaft – nämlich zum Judentum – gehört, verehren ihn diese Heiden als ihren eigenen Star. Der weite Weg hat sich gelohnt. Der Gesuchte ist gefunden.

Ein ganz anderer Star

Doch dieser Star ist ganz anders als unsere heutigen Stars – auch anders als die damals verehrten. Oberflächlich betrachtet findet sich nichts Ruhmvolles an ihm. Hochgejubelt wird er zwar – aber nur kurz beim Einzug in Jerusalem. Genau bei diesem Einzug ist wieder vom „König" die Rede. Und später, bei seinem Sterben, wird er als „König der Juden" verspottet. Das scheint doch nichts Anziehendes zu sein.

Und doch: Seit 2000 Jahren folgen Suchende diesem Stern. Wer ihm nachfolgt, ist bereit, die Knie zu beugen und ihn zu verehren. Warum? Was strahlt er aus?

Wie schon gesagt, zunächst eigentlich nichts Anziehendes. Aber immerhin war im Bibeltext von einem „Hirten" die Rede, der sein Volk führen wird. Das ist – wenn man im Gegensatz dazu die römischen Kaiser und Herodes vor Augen hat – dann doch schon einiges. Ein Hirt lädt ein zum Nachfolgen, er zwingt nicht. Jede und jeder kann sich bei einem Hirten selbst entscheiden. Dies ist sympathisch und anziehend. Es ist zusätzlich auch motivierend!

Tag für Tag aufs Neue lassen sich Christen so wie die Sterndeuter von diesem Hirten motivieren und folgen ihm nach. Erneut können wir fragen: Warum? Weil, ja weil Christinnen und Christen mit diesem Jesus aus Nazaret eine ungeheure Erwartung verbinden. Diese große Hoffnung haben Christen trotz aller Finsternis in der Welt.

Franz Kogler

Von Sternen und anderen Navis

Zielgenau
Viele von uns haben in ihrem Auto irgendein Navigationssystem, das uns angepriesen wurde als Hilfe für den sicheren Weg zum Ziel. Bedient man so ein Gerät, ist es meistens so, dass man wählen muss, wie die Wegführung sein soll: besonders schnell, besonders direkt, unter Umgehung von zahlungspflichtigen Straßen und so fort. Diese Technik hat größte Vorteile – vor allem für Autofahrer, die die Kunst des Kartenlesens nicht zu ihren herausragendsten Fähigkeiten zählen. Auch Taxichauffeure können sich das mühsame Geschäft des Erlernens von Straßensystemen ihrer Einsatzorte sparen – Gerät einschalten, Zieladresse eingeben und los geht's.

Und auch sehr interessant: Wenn man vom Ziel wieder nach Hause fahren will, gibt es dafür oft Kurzwahltasten – die Eingabe der Heimatadresse geht viel schneller, sie kennt die Technik – der Weg zurück ist also oftmals noch einfacher. Ganz klar: Solche Übertragung von eigener Fähigkeit an die Technik hat auch Nachteile – wann haben Sie sich als Navi-Nutzer das letzte Mal bewusst mit einer Straßenkarte auseinandergesetzt? Auch kann der blinde Verlass auf das System durchaus Gefahren in sich bergen – immer wieder sieht man Bilder und hört Berichte von solchen, die nicht am Ziel, sondern in einem Graben oder sonst wo gelandet sind.

Von Sendern und Gesandten
Von einem Navigationssystem ganz anderer Art erzählt das Fest „Erscheinung des Herrn". Wir hörten, dass die Männer aus dem Orient einem Stern gefolgt sind, der sie an die Krippe nach Betlehem führt. Einige Unterschiede zu modernen Navigationssystemen sind überdeutlich sichtbar. Abgesehen von Größe und technischer Ausstattung fällt auf, dass der Stern die Männer an ein Ziel führt, das sie selber gar nicht kennen. Ein Umstand, der die Bedienung eines modernen Navis schlicht unmöglich macht. Sie machen sich blind auf den Weg, folgen und vertrauen – wem eigentlich? Sie gehen zielbewusst – wohin eigentlich?

Und trotzdem haben sie eine klare Idee im Kopf hinsichtlich dessen, was sie suchen: „Wo ist der neugeborene König der Juden? Wir haben seinen Stern aufgehen sehen und sind gekommen, um ihm zu huldigen", lassen sie König Herodes zu dessen Entsetzen wissen. Und sie sind bestens ausgerüstet. Sie bringen Geschenke mit, um dem Herrn des Hauses, wo sie einkehren werden, Referenz zu erweisen. Am Ende der Geschichte fällt noch etwas auf: „Weil ihnen aber im Traum geboten wurde, nicht zu Herodes zurückzukehren, zogen sie auf einem anderen Weg heim in ihr Land" – ohne jegliches Navigationssystem. Die Wege, die sie zu gehen hatten, mussten ihnen jetzt absolut offensichtlich gewesen sein: Ein Suchen und Fragen wie auf dem Hinweg erübrigte sich. Die Männer wissen, was zu tun ist. Nur ein Gebot beherrscht den Rückweg: der Widerstand und der Ungehorsam gegenüber König Herodes.

Heilsbotschaft aus der Wüste
Nach dieser Episode aus der Kindheitsgeschichte Jesu hört man nie wieder etwas von diesen Fremden – trotzdem haben sie eine so faszinierende Wirkung, dass auf ihrem Handeln ein ganzes Brauchtum ruht: Wir erinnern uns etwa an das Sternsingen und anderes.
Die ganze Situation der Männer aus dem Orient ist derart merkwürdig und geheimnisvoll, dass wir uns nicht wundern dürfen, dass man sie

nach der Schrift „die Magier aus dem Osten"
nennt. Dieser Teil der Kindheitsgeschichte aus
dem Matthäusevangelium bleibt uns ein gutes
Stück rätselhaft.

Ein Hinweis zur Bedeutung gibt vielleicht der
Blick in das alttestamentliche Buch der Psalmen: „Die Könige von Tarschisch und von den
Inseln bringen Geschenke, die Könige von Saba
und Seba kommen mit Gaben. Alle Könige müssen ihm huldigen", heißt es im Psalm 72, den
der Prophet Jesaja in seine Verkündigung hat
mit einfließen lassen. Hat Matthäus versucht,
mit der Geschichte der Weisen aus dem Orient
ein Stück Glaubenstradition des Alten Bundes
im Evangelium wirkliche Geschichte werden zu
lassen?

Wie dem auch sei: Die Verkündigung des Epipha-
niefestes ist ja zuerst nicht ein Märchen aus Tau-
sendundeiner Nacht, sondern Heilsgeschichte.
Diese drei Männer, die sich einfach dem Wirken
eines Gottes anvertrauten, der nicht von Hause
aus der ihrige war, sie wollen uns anregen, uns
auf die Begegnung Gottes mit uns Menschen ein-
zulassen.

Welchem Stern folgst du?
Sie, die sich auf neue und unbekannte Wege
machten, alles Vertraute daheim ließen und allein einer ungewissen Verheißung nachzogen,
laden uns ein, auf uns selber zu schauen.

Sie lassen uns fragen, auf welchen Wegen wir denn gehen, wenn wir uns auf Gottsuche machen. Können wir, die wir es gewohnt sind, unsere Wege der Technik anzuvertrauen, aushalten, wenn Gott-Suchen weder auf dem kürzesten noch auf dem schnellsten Wege gelingt, wie man das beim modernen Navi einstellen kann? Was heißt das für uns, wenn Gott-Suche vielleicht durch karge Gegenden unseres Lebens führt, durch die wir gar nicht wollten? Durch Nöte, Schicksalsschläge? Oder dass Gott-Suche eben keine zielstrebige Fahrt, sondern oftmals ein langes Ausharren auf den Rastplätzen unseres Lebens ist? Was heißt es für uns heute, dass die ersten Gott-Suchenden des Neuen Bundes nicht aufgeklärte Theologen und Lehrer der Synagoge, sondern einfache Menschen und Reisende aus fremden Völkern waren?

Der Weg Gottes mit den Menschen führte schon seit der Erwählung des Volkes Israel nie auf geraden Pfaden, sondern stets durch Wüstengegenden, durch die Einsamkeit, durch das Chaos. Und nun, da die Offenbarung Gottes ihrem Höhepunkt entgegengeht, kein klar definiertes Heilsereignis, sondern eine Geburt unter dramatischen Umständen mit Hirten und Fremden als erste Zeugen des Geschehens.

Der Weg Gottes mit den Menschen richtet sich nicht nach einer freundlichen Damenstimme aus einem GPS-Kästchen. Wenn Gott ins Leben der

Menschen tritt, dann kann es chaotisch zugehen, befremdlich, vielleicht mysteriös und rätselhaft. Und nur dann, wenn wir diesen unberechenbaren Gott aushalten können, kann die Begegnung mit ihm auch wirklich gelingen.

Martin Stewen

Der Vierte der Heiligen Drei Könige

Zur Zeit, als Jesus zu Betlehem geboren wurde, stand ein überaus heller Stern am Himmel. Drei Sterndeuter, die an verschiedenen Königshäusern dienten, sahen den Stern und deuteten, dass ein großer König geboren sein müsse. Sie machten sich auf, ihn zu suchen, ihm zu huldigen und Geschenke zu bringen.

Auch ein gelehrter Mann namens Artaban machte sich auf, um dem Stern zu folgen. Er nahm einen kostbaren Saphir, einen Rubin und eine Perle als Geschenk für den König mit. Er musste sich beeilen, wenn er die drei Sterndeuter an der verabredeten Stelle treffen wollte, da sie ansonsten ohne ihn weiterziehen würden.

Er hatte seine Reise kaum begonnen, da sah er vor sich auf dem Boden eine Gestalt liegen, die sich als ein fiebergeschüttelter Wanderer erwies.

Bliebe er bei ihm, würde er zu spät kommen. Indessen – er blieb, half dem Manne, sodass dieser gesund wurde. Nun aber hatte er seine Freunde verpasst. Ihre Karawanen waren längst vorbei. So musste er selbst Kamele und Träger erwerben, um die Wüste zu durchqueren. Dafür musste er seinen Saphir verkaufen. Er war traurig darüber, dass der neugeborene König den Edelstein nun nie als Geschenk erhalten würde.

Als er schließlich in Betlehem anlangte, war er wieder zu spät; Josef und Maria mit dem Jesuskind waren bereits fort, geflohen vor König Herodes' Befehl, alle Kinder jünger als zwei Jahre zu töten. Artaban wohnte in einem Haus, in dem sich ein kleines Kind befand, das er lieb gewann. Als ein Tross Soldaten erschien, um den Befehl des Herodes auszuführen, stellte sich Artaban mit dem Rubin in der Hand in den Eingang und bestach damit den Hauptmann, sodass dieser das Haus nicht betrat und das Kind verschont blieb. Die Mutter war überglücklich, Artaban aber traurig, weil sein König nun auch den Rubin niemals erhalten würde.

Jahrelang zog er umher und hielt Ausschau nach dem König, bis er nach über dreißig Jahren nach Jerusalem kam, wo an jenem Tage eine Kreuzigung stattfand. Und als Artaban von jenem Jesus hörte, der gekreuzigt werden sollte, hatte er den Eindruck, dies sei der König, den er suchte. So ging er denn nach Golgota hinaus. Vielleicht konnte er mit seiner Perle, der damals schönsten Perle der Welt, das Leben des Königs erkaufen.

Auf der Straße dorthin kam ihm ein Mädchen entgegen, das vor einer Schar Soldaten floh. „Weil mein Vater verschuldet ist", rief sie, „wollen sie mich als Sklavin verkaufen, damit die Schulden bezahlt werden können. Rette mich!"

Artaban zögerte; dann holte er traurig seine Perle hervor, gab sie dem Soldaten, und das Mädchen war frei.

Plötzlich verdunkelte sich der Himmel, die Erde bebte, und ein Dachziegel fiel Artaban auf den Kopf. Ohnmächtig sank er zu Boden. Das Mädchen bettete seinen Kopf in ihren Schoß. Artabans Lippen begannen sich zu bewegen: „So nicht, Herr", sagte er. „Dreiunddreißig Jahre habe ich Ausschau nach dir gehalten; doch habe ich nie dein Antlitz erblickt noch dir dienen können."

Doch dann hörte er eine ferne Stimme: „Wahrlich, ich sage dir, was du dem geringsten meiner Brüder getan hast, das hast du mir getan."

Und Artaban lächelte noch im Tode, weil er nun die Gewissheit hatte, dass Jesus, sein König, seine Gaben empfangen hatte.

Jemand schrieb unter die Legende: „Anderen mit dem, was uns heilig ist, zu helfen, ist die einzige Möglichkeit, es Gott zu schenken."

Taufe des Herrn:
Geborgen in Gott

Du Nachbar Gott

Du Nachbar Gott,
wenn ich den Boden unter meinen Füßen spüre
Und deine Hand auf meinem Herzen schwerer
wiegt
Dann kann es sein, dass ich die leise atmen höre
So nah dem Herzen, wie an meinen Fuß der Stein
sich schmiegt.

So nah, so fern, so schwer und unergründlich
Geheimnisvoll und fern zugleich
Du Nachbar, Gott, allein bin ich und unempfind-
lich
Und nah dem bitterbösen Spott vielleicht.

Und deine Tränen fallen wie von fern,
So leicht wie Schnee und wärmend wie ein Som-
merwind
In deinen Tränen spüre ich die Gnade gern
Die heilend über meine Seele rinnt.

Dein Weinen lässt mich sanft und freundlich
werden
Allein wie du und allen doch verwandt

Dein Weinen, Gott, gibt mir noch Zeit auf dieser
Erde
Ach, mach den Tränen heut mich herzbekannt.

Bettine Reichelt,
nach einem Textimpuls von Rainer Maria Rilke

Ich fasse dich an der Hand

So spricht Gott, der HERR: Siehe, das ist mein
Knecht, den ich stütze; das ist mein Erwählter, an
ihm finde ich Gefallen. Ich habe meinen Geist auf
ihn gelegt, er bringt den Nationen das Recht. Er
schreit nicht und lärmt nicht und lässt seine Stimme nicht auf der Gasse erschallen. Das geknick-
te Rohr zerbricht er nicht und den glimmenden
Docht löscht er nicht aus; ja, er bringt wirklich das
Recht. Er verglimmt nicht und wird nicht geknickt,
bis er auf der Erde das Recht begründet hat. Auf
seine Weisung warten die Inseln.
Ich, der Herr, habe dich aus Gerechtigkeit gerufen,
ich fasse dich an der Hand. Ich schaffe und mache
dich zum Bund mit dem Volk, zum Licht der Nationen, um blinde Augen zu öffnen, Gefangene aus
dem Kerker zu holen und die im Dunkel sitzen,
aus der Haft.

Jesaja 42,5a.1–4.6–7

Geborgen in Gottes Barmherzigkeit

Die Barmherzigkeit ist das Herz Gottes! Jesus
sagt: „Richtet nicht, dann werdet auch ihr nicht
gerichtet werden! Verurteilt nicht, dann werdet
auch ihr nicht verurteilt werden! Erlasst einander die Schuld, dann wird auch euch die Schuld
erlassen werden!" (Lk 6,37). Immer dieselbe
Wechselseitigkeit. Und im Jakobusbrief heißt es:
„Erbarmen triumphiert über das Gericht" (2,13).
Vor allem aber im Vaterunser beten wir: „Vergib
uns unsere Schuld, wie auch wir vergeben unsern
Schuldigern" (vgl. Mt 6,12). Und diese Bitte ist die
einzige, die am Ende wiederaufgegriffen wird:
„Denn wenn ihr den Menschen ihre Verfehlungen
vergebt, dann wird euer himmlischer Vater auch
euch vergeben. Wenn ihr aber den Menschen
nicht vergebt, dann wird euch euer Vater eure
Verfehlungen auch nicht vergeben" (Mt 6,14–15;
vgl. Katechismus der Katholischen Kirche, 2838).
Es gibt zwei Dinge, die man nicht voneinander
trennen kann: die Vergebung, die man gewährt,
und die Vergebung, die man empfängt. Aber viele Menschen können nicht vergeben. Oft ist das
erlittene Übel so groß, dass vergeben zu können
erscheint, als sollte man einen sehr hohen Berg
erklimmen: eine enorme Anstrengung. Und man
denkt: Es geht nicht, das kann man nicht. Die
Tatsache der Wechselseitigkeit der Barmherzigkeit zeigt, dass wir die Perspektive umkehren

müssen. Allein können wir es nicht, wir brauchen die Gnade Gottes, wir müssen darum bitten.
Denn wenn die fünfte Seligpreisung verheißt, Erbarmen zu finden, und wir im Vaterunser um die
Vergebung der Schuld bitten, dann bedeutet das,
dass wir grundsätzlich Schuldner sind und Erbarmen finden müssen!

Wir alle sind Schuldner. Alle. Gegenüber Gott,
der so großherzig ist, und gegenüber den Brüdern und Schwestern. Jeder Mensch weiß, dass
er nicht der Vater oder die Mutter ist, der oder
die er sein sollte, der Ehemann oder die Ehefrau,
der Bruder oder die Schwester, der oder die er
sein sollte. Wir alle stehen im „Defizit" im Leben.
Und wir brauchen Barmherzigkeit. Wir wissen,
dass auch wir Böses getan haben; es fehlt immer
etwas am Guten, das wir getan haben sollten.

Aber gerade unsere Armut wird zur Kraft, um
zu vergeben! Wir sind Schuldner, und wenn uns,
wie wir eingangs gehört haben, nach dem Maß,
mit dem wir messen, zugemessen wird (vgl. Lk
6,38), dann sollten wir das Maß erweitern und
die Schuld erlassen, vergeben. Jeder muss sich
daran erinnern, dass er vergeben muss, dass er
Vergebung braucht, dass er Geduld braucht; das
ist das Geheimnis der Barmherzigkeit: Wer vergibt, dem wird vergeben. Darum geht Gott uns
voraus und vergibt uns als Erster (vgl. Röm 5,8).
Wenn wir seine Vergebung empfangen, dann
werden wir unsererseits fähig zu vergeben. So

werden unser Elend und unser Mangel an Gerechtigkeit zur Gelegenheit, uns zum Himmel-
reich zu öffnen, zu einem größeren Maßstab,
dem Maß Gottes, der Barmherzigkeit ist. Woher
kommt unsere Barmherzigkeit? Jesus hat zu uns
gesagt: „Seid barmherzig, wie auch euer Vater
barmherzig ist!" (Lk 6,36). Je mehr man die Liebe des Vaters annimmt, desto mehr liebt man
(vgl. KKK, 2842). Die Barmherzigkeit ist nicht
irgendeine Dimension unter anderen, sondern
sie ist der Mittelpunkt des christlichen Lebens:
Es gibt kein Christentum ohne Barmherzigkeit.
Wenn unser ganzes Christentum uns nicht zur
Barmherzigkeit führt, dann haben wir uns im
Weg geirrt, denn die Barmherzigkeit ist das einzig wahre Ziel eines jeden geistlichen Weges.
Sie ist eine der schönsten Früchte der Liebe (vgl.
KKK, 1829). [...]
Die Barmherzigkeit Gottes ist unsere Befreiung
und unsere Glückseligkeit. Wir leben von der
Barmherzigkeit und dürfen uns nicht erlauben,
ohne Barmherzigkeit zu sein: Sie ist die Luft
zum Atmen. Wir sind zu arm, um Bedingungen
zu stellen, wir müssen vergeben, weil wir Vergebung empfangen müssen. Danke!

Papst Franziskus

Gott, wer bist du?

Gott – der Sorgende

Es ist nicht unsere Leistung, es ist unser Glück, dass Gott uns Menschen nahekommt. Er gibt sich uns Menschen im Lauf der Geschichte in verschiedener Weise zu erkennen. Abraham fordert er auf, in das Land zu ziehen, das er ihm zeigen wird. Gott führt die Menschen, auch wenn er uns nicht im Voraus sagt, wohin unser Weg geht. Wir dürfen aber Gott unser Vertrauen schenken und uns von ihm führen lassen. Gott hat auch den Mose berufen. Er stellt ihn als Führer an die Spitze seines auserwählten Volkes und lässt ihn auf dem Weg durch die Wüste dem Volk vorangehen. Es ist Gott selber, der den Weg zeigt und für sein Volk sorgt. Gott zeigt sich seinem Volk bald als zorniger und eifersüchtiger Gott, bald als allmächtiger und barmherziger, aber auch als liebender und gnädiger Gott. Wenn ich zu Gott bete, dann versuche ich mir bewusst zu machen, wer es ist, mit dem ich rede. Dabei geht mir auf, wie begrenzt mein menschlicher Horizont oft ist. An manches in meinem Leben kann ich mich gut erinnern; aber ich merke auch, wie viel ich vergessen habe. Und erst die Zukunft: Was kommen wird, entzieht sich jedem Zugriff und bleibt mir verborgen. Dann schaue ich auf Gott und sage mir: Für ihn ist alles Gegenwart. Für ihn gibt es nichts, was vergangen oder zukünftig wäre. Alles ist für ihn jetzt da. Er hat die Welt erschaffen und damit ein komplexes Geschehen in Gang gebracht, und doch sieht er bis ins letzte Detail klar, was entstehen wird. Wir stellen uns manchmal vor, Gott habe die Welt vor Urzeiten geschaffen und schaue nun zu, was daraus wird. Es ist anders: Gott hat den Anfang der Welt gesetzt, weil er zugleich jede und jeden von uns kennt und jede und jeden von uns will und liebt. Darum kann ich auf den ewigen Gott zugehen, mit ihm reden und ich weiß, dass er mich hört. Ich kann auch spüren, wie mein Leben in Gott verwurzelt ist, mich darüber freuen und Gott dafür danken. Auch wenn ich an Katastrophen und Terror, an Krankheit, Leiden und Tod denke, darf ich mir sagen: Gott kennt auch die dunklen Seiten der Welt; denn er hat die Welt, in der sich solches ereignet, geschaffen. Ich darf Gott im Gebet sagen: Ich verstehe dich nicht. Du bist so ganz anders, du bist zu groß und ich bin nur ein beschränkter Mensch. Gleichwohl stimmt es mich dankbar, dass ich trotz negativer Ereignisse und Erfahrungen an Gott glauben darf. Als Mensch, der glaubt, klage ich Gott mein Leid, auch wenn ich ihn nicht verstehe. Mein Klagen verhallt nicht ins Leere hinein. Ich kann Gott bitten, dass er die Not der Menschen sieht, darf ihn bitten, dass er sich den leidenden Menschen zuwendet, und schließlich darf ich ihm sagen: Du allein weißt um das Warum! Dir vertraue ich mich an!

Gott – in Jesus Christus

Aber Gott geht in der Begegnung mit uns noch einen Schritt weiter. In der Person des Jesus von Nazaret zeigt er, wie nahe er uns sein will. Gott, der ohne Anfang und Ende ist, tritt in Jesus in unsere Zeit ein: Gott wird in Jesus ein Mensch wie wir.

Von Jesus sagt Johannes der Täufer: „Seht, das Lamm Gottes!" Jesus lebt uns modellhaft vor, was der Mensch ist, wenn er ganz in Gott aufgeht. Im Gebet erlebt Jesus das Glück, dass Gott ihm nahekommt. Jesus leidet aber auch Hunger. Dann erbarmt er sich der Menschen, die leiden, krank sind oder sterben; und Jesus hilft ihnen. Schließlich leidet er selber und stirbt den Tod am Kreuz. Damit gibt er auch der äußersten Not der Menschen einen neuen Sinn. Denn in Jesus steigt Gott selber in unsere Nöte hinein und macht uns durch seine Tat verständlich: Leiden und Tod gehören zum Menschen. Aber sie sind nicht das Letzte. Denn Gott hat Jesus vom Tode auferweckt, Jesus lebt bei Gott und für uns. Er hat uns den Weg in das grenzenlose Glück bei Gott eröffnet. Angesichts von Leid und Katastro-phen werde ich zwar nach wie vor zu Gott sagen:

Gott, ich verstehe dich nicht. Doch Gott wird mir antworten: Du kannst mich nicht verstehen, denn dein Horizont ist zu eng. Ich führe dich aber in eine Zukunft, in der die Endgültigkeit von Leiden und Tod sich wandelt in einen neuen Anfang in Gott.

Wir – Gottes Zeugen

Jesus bringt uns, denen Gott in Liebe begegnet, eine erfreuliche Nachricht: Tod und Leid sind nicht das Letzte. Er eröffnet uns damit eine großartige Verheißung, die Leben in Fülle schenkt. Diese Verheißung, dieses Geheimnis unseres Glaubens, ist von den ersten Jüngerinnen und Jüngern Jesu durch die Jahrhunderte hindurch weitergegeben worden bis zu uns heute. Wir haben diese Frohe Botschaft überreicht bekommen von unserer Mutter, vom Vater, von Seelsorgerinnen und Seelsorgern, ja von den verschiedensten Menschen, die uns auf unserem Lebensweg begegnet sind.

Wir alle sind berufen, als Schwestern und Brüder einander den Glauben weiterzugeben. So bildet unser Glaube gleichsam eine Kette zurück zu den Anfängen und nach vorne in die kommende Zeit. Verschließen wir uns nicht vor den Herausforderungen unserer Zeit! Ermutigen wir uns gegenseitig, aus der Kraft des Glaubens unser Leben zu gestalten! Dann werden wir für die kommende Generation und für uns selber glaubwürdige Zeugen der Frohen Botschaft des Evangeliums sein. [...] Ich möchte euch alle ermutigen: Öffnet eure Ohren, eure Augen, euer Herz! Habt keine Angst! Es macht Freude, die Frohbotschaft Jesu leben und weitergeben zu dürfen.

Ivo Fürer

Gott ist bei uns

Der hl. Johannes der Täufer war von der Welt getrennt; er war ein Nasiräer. Er zog sich von der Welt zurück, wandte sich gegen sie, sprach zu ihr aus seiner besonderen Stellung heraus und rief zur Buße auf. Ganz Jerusalem ging zu ihm hinaus in die Wüste; er trat den Menschen von Angesicht zu Angesicht gegenüber.

In seiner Predigt aber sprach er von einem, der zu den Menschen kommen und in ganz anderer Weise zu ihnen sprechen werde. Er kündigte an, dass sich dieser nicht von ihnen als ein höheres Wesen absondern und zur Schau stellen, sondern ihr Bruder sein werde, Fleisch von ihrem Fleisch, einer unter vielen Brüdern, der aus ihrer Mitte komme und zu ihnen gehöre. Ja, er war bereits mitten unter ihnen. „Medius verstrum stetit, quem vos nescitis." – („Mitten unter euch steht der, den ihr nicht kennt.")

Dieser Größere nannte sich selbst Menschensohn – es genügte ihm, in allem wie ein gewöhnlicher Mensch zu sein, obwohl er der Allerhöchste war. Der hl. Johannes und die anderen Evangelisten, deren Berichte über ihn in ihrer Art unterschiedlich sind, stimmen darin auffallend überein. Der Täufer sagte: „Mitten unter euch steht der, den ihr nicht kennt."

Dann lesen wir weiter, dass er ausdrücklich auf Jesus hinwies, nicht vor der Menge, sondern vor

einem oder zwei seiner Anhänger, die sich dann
aufmachten, Jesus zu suchen und die Erlaubnis
erhielten, ihm nach Hause zu folgen. Allmählich
fängt Jesus an, sich zu erkennen zu geben und
seine Herrlichkeit in Wundern zu offenbaren.

Aber wo? Bei einer Hochzeit, wo es nicht selten
zu Ausschweifungen kam, wie der Speisenmeis-
ter andeutete. Und wie? Indem er den Wein ver-
mehrte, der Anlass für solche Ausschweifungen
war.

Er nahm an dieser Hochzeit nicht als Lehrer
teil, sondern als Gast und (sozusagen) aufgrund
eines gesellschaftlichen Brauches, denn er kam
in Begleitung seiner Mutter. Man vergleiche dies
mit dem, was er im Matthäusevangelium von
sich selbst sagt: „Johannes ist gekommen, er isst
nicht und trinkt nicht – der Menschensohn ist
gekommen, er isst und trinkt, darauf sagen sie:
Dieser Fresser und Säufer ...!"

Johannes mochte verhasst sein, aber er war an-
gesehen. Jesus wurde verachtet. Siehe auch Mk
1,22.27.37 sowie 3,21, wo alle sich über ihn wun-
derten und sich aufregten. Der Einwand kommt
sofort, siehe Mk 2,16. Es muss ein bezeichnender
Zug im Charakter und in der Sendung unseres
Herrn gewesen sein, da zwei Evangelisten unab-
hängig voneinander dies in ihren Erzählungen
erwähnen. Der Prophet hat dasselbe gesagt (Jes
53,3).

Dies alles geschah,
o geliebtester Herr und Heiland,
weil du die menschliche Natur,
die du ins Dasein gerufen,
so sehr geliebt hast.
Du hast uns nicht allein geliebt
als deine Geschöpfe,
sondern als Menschen.
Du liebst alles,
denn du hast alles erschaffen.
Den Menschen aber liebst
du über alles.
Wie ist das möglich, Herr?

John Henry Kardinal Newman

Hilf, Herr Jesu, lass gelingen

Hilf, Herr Jesu, lass gelingen,
hilf, das neue Jahr geht an;
lass es neue Kräfte bringen,
dass aufs Neu' ich wandeln kann.
Neues Glück und neues Leben
wollest du aus Gnaden geben.

Was ich sinne, was ich mache,
das gescheh in dir allein;
wenn ich schlafe, wenn ich wache,
wollest du, Herr, bei mir sein;
geh ich aus, wollst du mich leiten;
komm ich heim, steh mir zur Seiten.

Lass dies sein ein Jahr der Gnaden,
lass mich büßen meine Sünd',
hilf, dass sie mir nimmer schaden,
und ich bald Verzeihung find,
Herr, in dir; denn du, mein Leben,
kannst die Sünd' allein vergeben.

Herr, du wollest Gnade geben,
dass dies Jahr mir heilig sei
und ich christlich könne leben
ohne Trug und Heuchelei,
dass ich noch allhier auf Erden
fromm und selig möge werden.

Jesus richte mein Beginnen,
Jesus bleibe stets bei mir,
Jesus zäume mir die Sinnen,
Jesus sei nur mein Begier,
Jesus sei mir in Gedanken,
Jesus lasse nie mich wanken!

Jesu, lass mich fröhlich enden
dieses angefangne Jahr.
Trage stets mich auf den Händen,
stehe bei mir in Gefahr.
Freudig will ich dich umfassen,
wenn ich soll die Welt verlassen.

Johann Rist

Quellenverzeichnis

Papst Franziskus, Weihnachten ist ein Tag ... Aus: Generalaudienz am 14.12.2016 © Libreria Editrice Vaticana.

Hinführung
Bettine Reichelt, Wege im Advent © Bettine Reichelt.

1. Adventswoche: Wann ist Advent?
Bettine Reichelt, Wann ist Advent © Bettine Reichelt.
Andreas Matthäi, Warten mit allen Sinnen. Aus: Predigt am 1. Advent 2015 © Andreas Matthäi.
Joachim Wanke, In Freude das Fest erwarten. Aus: Frieden sei mit euch. Gedanken zu Advent und Weihnachten von Joachim Wanke © St. Benno Verlag GmbH, Leipzig.
Friedrich Haarhaus, Die Nacht ist vorgedrungen. Aus: ders., Stille Nacht, heilige Nacht © St. Benno Verlag GmbH, Leipzig.

2. Adventswoche: Die Erlösung naht
Bettine Reichelt, Nicht aussichtslos © Bettine Reichelt.

Jörg Sieger: Göttlicher Straßenbau. Aus: Predigt am 2. Advent 2003 © Jörg Sieger.

Werner Vollmuth, Das Wort erging in der Wüste. Text zum 2. Advent 2006 © Werner Vollmuth.

Werner Küstenmacher, Weil sich eure Erlösung naht ... Aus: Predigt zum 2. Advent 2018 © Werner Küstenmacher.

Gerd Haeffner SJ, Gottes Heil kommt. Aus: Predigt am 2. Advent 2009 © Zentraleuropäische Provinz der Jesuiten e.V.

3. Adventswoche: Handelt!

Samuel Friedländer, Dich finden in allen Dingen. Aus: Samuel Friedländer (Hg.), Von Tag zu Tag © 2008 Verlag Herder GmbH, Freiburg i. Br.

Peter Zürn, Das Leben gestalten. Aus: Zur Lesung am 3. Advent 2006 © Peter Zürn.

Gabriele Panning, In Gottes Schutzraum. Aus: Predigt am 3. Advent 2009 © Gabriele Panning.

Gerhard Feige, Gott und das Lachen. Aus: Predigt zum Abschluss des Kirchenclowntreffens, 23.10.2010 © Bischof Dr. Gerhard Feige.

Stefan Sühling, Freude © Stefan Sühling

Wolfgang Raible, Der „krippale" Infekt. Aus: Wolfgang Raible, 100 Kurzansprachen © 2009 Verlag Herder GmbH, Freiburg i. Br.

4. Adventswoche: Tröst mir mein Gemüte ...

Andreas Knapp: nur ein Strohhalm. Aus: Andreas Knapp, Höher als der Himmel. Göttliche Gedichte © Echter Verlag Würzburg 5. Auflage 2019, S. 31.

Guido Kreppold, Dieses Leuchten. aus: Predigt zum 4. Advent 2018 © Guido Kreppold.

P. Pius Kirchgessner OFMCap, Gott hat unser Heil im Blick. Aus: Predigt zum 3. Advent 2015 ©Pius Kirchgessner.

Weihnachten: Heut schließt er wieder auf die Tür ...

Christa Spilling-Nöker, Ein Stern leuchtet auf © Christa Spilling-Nöker.

Karl-Heinz Wiesemann, Tragender Grund des Glaubens. Aus: Predigt Weihnachten 2011 © Bischof Dr. Karl-Heinz Wiesemann.

Paul-Werner Scheele, Weihnachtszeichen. Aus Predigt Christmette 2002 © Paul Werner Scheele / Bistum Würzburg.

Joachim Wanke, Unser Knie vor der Krippe Jesu zu beugen. Aus: Wort zum Weihnachtsfest 2009 © Bischof em. Dr. Joachim Wanke.

Rudolf Otto Wiemer, Lob der kleinen Schritte, aus: Rudolf Otto Wiemer, Lob der kleinen Schritte, Friedrich Reinhardt Verlag, Basel 1981 © Rudolf Otto Wiemer Erben, Hildesheim.

Neujahr: Frieden empfangen und weitergeben

Thomas Heck, Ein neues Jahr. Predigtimpuls am Hochfest der Gottesmutter Maria 2011 © P. Thomas Heck SVD.

Papst Franziskus, Frieden – der Weg der Versöhnung. Aus: Botschaft zum Weltfriedenstag am 01.01.2020 © Libreria Editrice Vaticana.

Manfred Wester, Nicht Worte, sondern Leben © Franziska Wester-Marlow.

Christa Carina Kokol, Das neue Jahr ist einmalig © Christa Carina Kokol.

Gerd Haeffner SJ, „Die reinen Herzens sind ...“ © Zentraleuropäische Provinz der Jesuiten e.V.

Epiphanie: Dem Stern folgen

Petra Ng'uni, weihnachtswunsch © Petra Ng'uni.

Martin Leitgöb, Die Erfahrung der Sterndeuter © Martin Leitgöb.

Joseph Kard. Ratzinger (Benedikt XVI.), Der wahre Stern des Lebens. Aus: Du bist das Licht der Welt. Gedanken zum Weihnachtsfest von Benedikt XVI. © St. Benno Verlag GmbH, Leipzig.

Franz Kogler, Star und Sternchen © Franz Kogler, www.bibelwerklinz.at.

Martin Stewen, Von Sternen und anderen Navis © Martin Stewen.

Taufe des Herrn: Gott kennenlernen

Bettine Reichelt, Du Nachbar Gott © Bettine Reichelt.

Papst Franziskus, Geborgen in Gottes Barmherzigkeit. Aus: Generalaudienz am 18.03.2020
© Libreria Editrice Vaticana.

Ivo Fürer, Gott, wer bist du? © Bischof em. Ivo
Fürer.

Bibeltexte:
Einheitsübersetzung der Heiligen Schrift
© 2016 Katholische Bibelanstalt GmbH, Stuttgart
Alle Rechte vorbehalten

Wir danken den genannten Rechteinhabern für
die freundlich erteilte Abdruckerlaubnis. Der
Verlag hat sich darum bemüht, alle Rechtein-
haber in Erfahrung zu bringen. Für zusätzliche
Hinweise sind wir dankbar.